# Mis apuntes sobre matrimonio, psicología y espiritualidad

# Mis apuntes sobre matrimonio, psicología y espiritualidad

## 3 conceptos ignorados que revolucionarán tu vida conyugal psicológicamente y espíritualmente

LIC. PSIC.

**EDUARDO MOJARRO RUVALCABA**

Número de Control de la Biblioteca del Congreso de EE. UU.:     2017908206
ISBN:                    Tapa Dura                          978-1-5065-2024-7
                         Tapa Blanda                        978-1-5065-2025-4
                         Libro Electrónico                  978-1-5065-2023-0

Información de la imprenta disponible en la última página.

Fecha de revisión: 10/08/2017

**Para realizar pedidos de este libro, contacte con:**
Palibrio
1663 Liberty Drive
Suite 200
Bloomington, IN 47403
Gratis desde EE. UU. al 877.407.5847
Gratis desde México al 01.800.288.2243
Gratis desde España al 900.866.949
Desde otro país al +1.812.671.9757
Fax: 01.812.355.1576
ventas@palibrio.com
753605

# ÍNDICE

# RECONOCIMIENTOS

Mi primer pensamiento es dar gracias a Dios, quien a través de su Hijo Jesucristo me alumbro el intelecto para "conocer la verdad, que me hizo libre", de clichés sociales como:" si nuestro matrimonio no funciona, pues cada quien por su lado", "se nos acabó el amor" "no es lo que yo esperaba", "somos diferentes", y tantísimos mas. He sido enseñado, inspirado e influenciado para desarrollar una vida familiar de constante lucha, y mirar las tormentas en mi matrimonio, no como un problema sin solución, sino como una oportunidad, para que Laura y yo identifiquemos, el daño que se está generando ya sea en la estructura espiritual, emocional y psicológica que está debilitándose, y así buscar las herramientas necesarias para fortalecer esa área de oportunidad.

Hay una persona muy importante también, y es el Dr. Alfredo y su esposa Cristina de Jimenez, Médico especializado en medicina familiar, mentor de mi familia y hoy un gran amigo y hermano, además de enseñarme con su boca, conviví muchas horas a su lado, en el campo clínico como mi director del Hospital UMF 6, también mire sus áreas grises, lo que me hizo entender que es tan humano como yo, y que su proceso de crecimiento y desarrollo es similar al mío, ni él ni ud ni yo somos producto terminado. No solo mire sus áreas grises, también le mire en su actuar profesional en la medicina familiar, y puedo decir, que era un profesional, comprometido y preocupado no solo por la salud biopsicosocial, como la OMS, define, pero también lo vi preocupado por el área, espiritual. Si tu perteneces al campo de profesionales de la salud, Respeto tu opinión, y aun que difieras de mi percepción, al no mirar y atender la necesidad interior; para mí si es importante, confieso que no la consideraba tan importante, hoy se, que son las bases de la estructura familiar.

# ESPECIAL RECONOCIMIENTO

Hay en mi vida una persona muy especial e importante que agradezco todo, y es a Laura, no solo ha sido mi esposa, mi confidente, mi compañera, ella es coautora e impulsora para sacar lo mejor, y también lo peor de mí. ha sido fiel, paciente, humilde y sobre todo aguantadora; gracias Nena, sé muy bien que fuiste, eres y serás el mejor regalo, en esta difícil, desgastante y desafiante empresa llamada MATRIMONIO, mano a mano hemos enfrentado tormentas, y como dijo el apóstol Pablo, no hemos llegado a la meta, pero proseguimos, no nos hemos rajado, como se dice en buen mexicano.

A pesar de que nuestra frágil embarcación (nuestro matrimonio) ha enfrentado horribles tormentas, has permanecido junto a mí, en las buenas, que no han sido mayores que las malas, te he comentado, que si yo fuera tu, ya hubiese hecho la graciosa huida, ¡a veces no me aguanto ni yo mismo!. GRACIAS NENA.

Seria ingrato si no mencionara al culpable de mi formación en las tormentas matrimoniales, es el Señor, Adalberto Garcia Jaime, quien ha sido mi pastor y mentor por los últimos 25 años, y el que me indujo en el campo de la consejería matrimonial, no me dio inducción, me aventó, pero se lo agradezco, eso me ha formado, gracias mi pas. Alguien le tiene que cobrar, más bien pagar, es un privilegio, haberle conocido.

Por último y no de menor importancia, agradezco por estos 25 años, en asesoría familiar a todos los matrimonios "que tuvieron el horror", de pasar por nuestras manos, aunque para Laura y para mi ha sido un honor. Nos regalaron 25 años de experiencia, y deben de saber y recordaran, mas de alguno de ustedes, juntos lloramos, reímos, y porque no decirlo, también regresábamos a casa reflexionando lecciones que ustedes sin darse cuenta, nos enseñaban. Quizá deambula por aquí o por allá, algún que otro matrimonio "Frankestein", producto de nuestras manos, fue lo mejor que pudimos hacer, por favor créanme. Si les garantizo algo, Laura y yo dimos lo mejor que teníamos.

Cada miércoles de parejas, ustedes han sido, la experiencia más grandiosa, por que miramos que el maestro pacientemente, les trasforma, eso es alentador para nosotros, y nos da garantía total.

# GENARO Y JULIA

Tengo que dedicarle unas líneas a estos fieles amigos, pero pocas para que no se levanten el cuello, gracias por su participación , han sido un grandioso apoyo como amigos, como equipo y no se diga como directores adjuntos del ministerio matrimonial, en las noches contando las finanzas para que el hotel no nos enviara a dormir a la cárcel, buscando material para cada serie cada 2 meses, para cobrar en cada evento y soportar malas caras, y para llevar adelante este trabajo que DIOS nos ha dado, para contabilizar los pagos de los hoteles, enfrentando a los administradores, en los retiros de matrimonios que juntos hemos organizado y que hasta ahora, todo ha salido bien. GRACIAS, HEMOS CRECIDO JUNTO A USTEDES.

Mis mejores conferencistas y equipo de "Matrimonios de Alto impacto"

No me he olvidado de otros héroes anónimos, pero eficaces, José Luis y Zonia de Torres, Psic Fernando y Lupita de Leyva, Luis y Martha Murillo, Bere y Daniel de Alvarado, Alejandro y Cristina Gracida, siempre poniéndose la camiseta de la "T", todos saben a qué me refiero.

GRACIAS.

# QUIEN SOY

Soy como ud. Un tipo con muchos sueños, crecí en un pequeño pueblo del estado de Sonora, Nogales, Mexico, el cual colinda con la frontera de Nogales Arizona, EEUU. Fui educado en la universidad callejera de mi colonia "la Buenos Aires", aunque alude al nombre de un hermoso país sudamericano, también tiene la connotación de que soplan buenos vientos, nada que ver, era una de las colonias donde más delincuencia había, en mi colonia soplaban vientos funestos. (60/s.). Soy hijo de Isabel, madre soltera, mía y de 6 hermanos (as) mas, crecí sin la figura paterna vivíamos con la abuela mujer anciana luchadora y emprendedora, era dueña de el mejor restaurante del pueblo, teníamos tienda y tortillería. No éramos ricos, pero si gente de lucha. A la edad de 14 años, salí de mi casa, y aun siendo adolescente, ingrese a las fuerzas armadas de mi país, tenía dentro de mí, el anhelo de formar una familia, sentí que era el lugar que necesitaba para formarme profesionalmente, y tener así mi propia esposa e hijos.

Ingrese a la Universidad del Ejercito y Fuerza Aérea Mexicano (UDEFA) ahí estudie Enfermería Militar, egresando con el promedio más alto en mi generación, después de 10 años dentro de la milicia decidí probar suerte en el ámbito civil (en jerga, militar, civilona).

Posteriormente ingrese nuevamente a la universidad a estudiar psicología general, sin pena ni gloria, egrese e inicie a ejercer como tal, hasta la fecha, continuo a mis 61 años, ejerciendo como terapeuta de familia principalmente. Curso actualmente la maestría en Gerontología, en la Fundación Universitaria Iberoamericana.

He estudiado la especialidad de psicología industrial.

Tengo también una especialidad Otorgada por La Escuela de Formación y Capacitación cristiana, con enfoque de apoyo a la familia.

Casado desde hace 36 años con Laura Parga Lopez, hemos procreado 3 varones, el mayor Franz Eduardo de 36, el segundo Rodrigo Ivan de 27, el tercero Estheban Olaf de 22 años.

Actualmente presido la Clínica Mexico_Americana de Psicología y terapia integral, A.C. creada con la finalidad de otorgar cursos talleres, seminarios, congresos. Trabajando mano a mano con la Dra. Psic. G Alicia Elenes A, Psic. Lorena Glz. Q, Psic. Smirna Garcia S, Psic. Perla Carrera.

Docente por 4 años de la Universidad Autónoma de Mexico, Campus Baja California, en la materia de Desarrollo Humano. Y familia I, en la 1/a, y 2/a generación de enfermeras especializadas de Medicina en Familia.

Docente de la Universidad Autónoma de Baja California, en las materias de Familia I-II, y Desarrollo Humano.

Actualmente además de consulta clínica, ofrecemos asesoría empresarial a algunas fábricas de la localidad, en reclutamiento, selección y evaluación de recursos humanos.

He tenido el privilegio de ser director del Ministerio de Matrimonios en el Grupo Unidad Cristiana de Tecate, por 25 años aprox.

Me gusta escribir, mi primer libro se llama "Estrés Laboral"

El 2/o libro es, "Matrimonio, Psicología y Espiritualidad"

"EL Ser Humano y La Sexualidad", este último se está cocinando.

# PRÓLOGO

De entrada le diré que, matrimonios perfectos no existen pero si matrimonios que luchan día con día, y si tú tienes un buen matrimonio, no pidas que sea el mejor, lucha por que sea funcional; no te duermas en tus laureles pensando, que el matrimonio funciona con emoción, aunque esta forma parte de él, pero la emoción no tiene resistencia como estructura, y pierde el brío, cuando aparecen las obligaciones.

Fue a través de las sagradas escrituras que comprendí y aprendí a darle sustento a mi relación; en mi ignorancia espiritual, al pensar en biblia, lo relacionaba como un libro religioso, nunca como un manual de instrucciones, con indicadores vigentes para el matrimonio, la familia, los hijos, y las relaciones interpersonales.

Creo que es tiempo que nos volvamos a buscar las guías e indicadores que están contenidos en la escritura sagrada, para que en nuestra sociedad, las familias disfuncionales disminuyan, las cárceles no alberguen a nuestra gente, los índices de criminalidad sean abatidos. Hay una oscuridad evidente en cuanto a la directivas; "nuestros pensadores sociales", que no tienen nada de sociólogos, (los políticos) si los podemos llamar así, quieren redefinir conceptos tan básicos, que no necesitan redefinición, sino accionar con conocimiento de causa; y esto lo han hecho por que ud y yo, ¡si! no se asombre, ud y yo, hemos dejado la función de la dirección de nuestras familias, en manos nuestros legisladores, una dirección que no les corresponde; y ellos, han hecho lo que han podido, al igual que el Sr. JOSE MOJICA, ex presidente de Uruguay, citó "no pidamos que los maestros tapen las goteras de nuestra casa," no podemos pedir a los legisladores que arreglen los techos de nuestra disfunción familiar, algunos de ellos, están en peor situación familiar que nosotros, detener esa inundación familiar es nuestra función, sé que no será fácil, pero lo invito a que asuma la responsabilidad, no de mi familia, yo lo hice hace 30 años atrás, le sugiero que tome las riendas de su pequeño núcleo familiar, y estará contribuyendo a que tengamos una mejor sociedad. Si bien dentro de las historias de la escritura sagrada, nos percatamos de que las familias ahí descritas no eran las mejores, el gran Arquitecto, no está interesado en maquillar o tapizar los errores en que incurrieron los personajes antiguos, quiere ofrecer alternativas, que hemos hecho de lado. Y además lo dejo escrito para que no tengamos excusas, **por que tales cosas se escribieron hace tiempo, en las Escrituras, para que nos sirvan de enseñanza. Biblia nueva traducción viviente, Romanos 15:4.**

**Si, leyó ud bien, para que sus errores nos sirvan de enseñanza.**

**Pero Dios muestra su ira desde el cielo contra todos los que son perversos, que detienen la verdad con su perversión, "ellos conocen la verdad acerca de Dios, por que Él se las ha hecho evidente".**

**Encontraremos guías resolutivas, directivas con buen tino, y sobre todo, conoceremos que el más interesado en que nuestras familias estén bien, no somos nosotros, sino DIOS; BIBLIA TRADUCCIÓN DEL LENGUAJE ACTUAL JEREMÍAS 29: 11 " Mis planes para ustedes, solamente yo los sé, y no son para su mal, sino para su bien, voy a darles un futuro lleno de bienestar, cuando ustedes me pidan algo en oración, yo se los daré".**

Encontramos reconocidos estadistas como el presidente de los EEUU, Bill Clinton involucrado sentimentalmente con Monica Lewinsky,

Arnold Schwarzenegger involucrado con una empleada domestica con la que reconoció haber tenido un hijo; otros grandiosos, como lo fue el rey David, que desarrollaron una política excelente, pero si miramos sus familias más de cerca, nos percataremos que estaban lejos de ser funcionales, eran tan disfuncionales, como actualmente las nuestras, la diferencia es que su fragilidad fue más evidente debido a que ellos eran figuras públicas y monárquicas, pero ser monarca, o profesionista exitoso, no garantiza un buen matrimonio.

Solamente Estamos abordando el termino, disfunción familiar desde la óptica de la psicología, y haciendo de lado su profundo aspecto sociológico, antropológico, biológico, espiritual, ya que en todos sus contextos seria complejo; y hablamos de disfunción, cuando uno de los integrantes formadores, llámese padre, o madre, no asume la responsabilidad legal ante el nacimiento de un hijo, la responsabilidad económica, la responsabilidad de cuidado, la omisión de cuidado, (educacional, sustento, buen trato, permanencia), cuando se rompe el compromiso entre los cónyuges. Y queda en el aire, los resultados de esa unión, que no debió de darse; "los hijos", pues son quienes vivirán el impacto, de manera directa, al privárseles del desarrollo armónico, entre ambos padres; hoy ya de manera ignorante decimos, "los niños ya son maduros", y lo entienden, o el comentario, tan infantil, "ahora nos comunicamos mejor que antes", evidentemente, cualquier situación, de relación en la cual no existe compromiso obligatorio, claro que hay relajamiento, pero es lo mismo si ud rompe su relación con un patrón, incomodo, sustancialmente ud. Ya no le debe obligación alguna, y se comunicará con él, de una manera mas relajada. Cuando algún matrimonio me externa su deseo de romper el vinculo con su pareja, y me aducen que: "será mejor para los niños", les hablo de las consecuencias, a corto, mediano y largo plazo, en el área psicológica, y aun biológica y de relación con sus semejantes, también el riesgo que conllevara, si cada uno de los cónyuges, inicia otra relación; por lo menos en mi experiencia, he tratado muchos casos de abuso sexual, por el cónyuge, con el cual no se comparten lazos consanguíneos; y esto no debería descartarse.

La disfunción familiar, se encuentra como dicen en mi pueblo, "hasta en las mejores familias,", porque la formación de una familia funcional, no tiene que ver con status social, finanzas o buena formación profesional.

A lo largo de mi relación con cientos de familias, he tratados políticos, profesionistas de la salud, con o sin especialidad, militares, abogados ingenieros, amas de casa, obreros, psicólogos, y ¡asómbrese!, la mayoría de ellos son profesionistas exitosos y brillantes en su campo. Pero no como guías de familia y la lista de oficios y trabajos no la terminaría; y en todo esto he descubierto un denominador común... ¡prepárese para saberlo!

# EL CHIP DE LA NEGACIÓN

Los hombres tenemos un chip llamado "negación", que tiene un **escudo de:** "no pasa nada", "no es para tanto", "eres exagerada", "todos los matrimonios tienen problemas". Esto último es verdad, pero no podemos quedarnos con esa afirmación sin hacer algo que implique reacción para solucionar, y ver lo que nuestras esposas **¡SI MIRAN!,** ABRAMOS LOS OJOS A LA REALIDAD, **¡SI PASA, Y CON MAS FRECUENCIA DE LO QUE ADMITIMOS!**

En la mayoría de las crisis de matrimonios, quien primero identifica que hay problemas, y trata de tomar cartas en el asunto, ¡¡¡es la mujer!!!, pareciera que ellas tienen un sensor, muy particular, y el ultimo en percatarse de ello, es ¡ya lo adivino!, si, es el hombre, sin llevar una estadística muy meticulosa, puede decirle que un 2% de los hombres, consideran los problemas de pareja, como algo que no afecta, un amigo muy estimado por mí, (les voy a llamar Carlos y Gina, nombres ficticios) Carlos me comento, (sic) yo pensé que todo estaba bien, hasta que una tarde llegue del trabajo, y encontré unas maletas junto a la puerta, entusiasmado pregunte a Gina , ¿a dónde vamos de viaje? ella respondió, no vamos ¡¡¡yo te dejo!!!, ¿y qué cree?, fue el botón que mi hizo a mi amigo Carlos accionara, y entendiera que estaba frente a 2 grandes problemas, Gina se iba de casa con los hijos, y él se quedaba sin familia; fue hasta ese momento que el miro la gravedad en su relación, **y acciono en consecuencia,** espero que ud no se vea reflejado, en el espejo de Carlos Y Gina, pero si acaso ocurre lo contrario, ¡frene el chip de la negación inmediatamente¡, y ¡¡¡BUSQUE AYUDA!!!, y accione en consecuencia, si lo posterga, puede ser demasiado tarde, para que ud haga algo.

# PREGUNTAS DE AUTOEVALUACIÓN

**1.-** **¿En manos de quien he dejado la formación y desarrollo personal de mis hijos, en los maestros, en la iglesia, o en las autoridades del estado?**

_____

_____

_____

**2.-** **¿Como responderé a mi responsabilidad?**

_____

_____

_____

**3.-** **¿He tenido la honestidad de reconocer mi incapacidad para dirigir mi familia, o me he refugiado en el trabajo, con mis amigos en la bebida, dejando en las manos de mi pareja, el trabajo que necesita ser desarrollado por los dos?**

_____

_____

_____

**4.-** **¿Cual es mi propuesta de trabajo, a corto mediano y largo plazo?**

_____

_____

_____

**5.- ¿Necesito entender que mi cónyuge ha tenido la visión y madurez emocional-espiritual que yo no alcanzo a vislumbrar, y asumir el reto, de iniciar lo que me corresponde, y reconocer su gran aporte de para querer salvar nuestra relación?**

_____

_____

_____

**6.- ¿Como responderé a esta reflexión?**

_____

_____

_____

# INTRODUCCIÓN

## OPERANDO EN MODO SEGURO

**Hasta los necios pasan por sabios si permanecen callados; parecen inteligentes cuando tienen la boca cerrada. Biblia Nueva Traducción Viviente, prov 17:28.**

HACE ALGUNOS DÍAS, ESTANDO asesorando a UN JOVEN INGENIERO, que trabaja con sistemas de energías alternativas, y tecnología de punta, me busco para solicitarme ayuda en su matrimonio, que iba en crisis, cada vez más severas. Iniciamos hablando de su trabajo, le pregunté, por algún procedimiento o técnica, muy usual en su diaria rutina, inició detallándome que el sistema que está operando, que en su caso es de energía eólica, uso de aerogeneradores, están ubicados en el desierto de Baja California, y él se encarga de estar monitoreando su funcionamiento, al preguntarle acerca de las medidas de seguridad, si ocurriese alguna falla, con los motores de los aerogeneradores (que son gigantescos como contra los que luchaba el quijote), me señalo que ante alguna eventualidad que se presentara, el tenía que operar en un proceso llamado "OPERANDO EN MODO SEGURO, al describirme la técnica, señalo que consistía en llevar a cabo un frenado mecánico- hidráulico, posteriormente se opera otro comando de la misma máquina, donde interviene un segundo frenado, de no hacerlo así, el costoso equipo, le sería cobrado a él, y pondría en riesgo su integridad física, su vida y su trabajo, además de echar a perder una costosa maquina, o alguna refacción que debía ser traída de Europa.

Y, ¿qué tiene que ver mi conversación con el ingeniero, en relación al matrimonio?

A este ingeniero, antes de contratarlo le dieron entrenamiento para enfrentar eventualidades, nosotros nos contratamos en el matrimonio, sin entrenamiento previo, por tanto, el resto de nuestra vida conyugal, **no estaremos operando en modo seguro.**

Si en cualquier profesión se exige una enseñanza metodológica, en un periodo de 3 a 4 años para poder concluir una carrera, creo que somos ingenuos al creer, que el matrimonio, podrá sobrevivir contra los frecuentes vientos, y las constantes mareas, peor aún, sin directrices bien establecidas.

## PREGUNTA DE AUTOEVALUACIÓN

Cuando y donde iniciaré mi entrenamiento, para operar en modo seguro, ya comprendí que solo no podré, necesitaré un instructor.

**Y, ¿de donde se espera que yo tenga el entrenamiento para enfrentarme al matrimonio y tener buenos resultados?**

## EL EXPERIMENTO DEL MUÑECO BOBO

El teórico psicólogo y pedagogo, Albert Bandura hizo en 1961 un sencillo pero eficaz experimento, para demostrar que todo conducta es aprendida a través de la imitación social y la repetición; creo que somos muy ingenuos al creer que traemos implícito el "chip" del complejo aprendizaje de los actos que se viven dentro de una relación de matrimonio; para ese nuevo rol de vida debimos haber estado expuestos varias años/horas, al modelamiento (película real) que nuestros padres nos presentaron (funcional o disfuncional). De esto último dependen los resultados, por tanto la respuesta obvia, está en el hogar de donde provenimos, porque se supone que nuestros padres, (si tuvimos el beneficio de tener y vivir con ambos), nos entrenaron para interactuar en la diaria y compleja esfera familiar, lo que se supone un diario modelaje de cosas tan básicas como:

a-) comprender que mi pareja no es una réplica en femenino (o masculino) de mí, eso sería grotesco, y no muy grato, es decir, me case con un opuesto, no es mi alma gemela, tampoco mi media naranja, es mi complemento.

Y como mi complemento es una persona compleja y real, con un pensamiento racional único y diferente al mío, con sueños y frustraciones semejantes a las mías, imperfecta, al igual que yo.

## LA FABRICA DONDE SE MAQUILAN INGREDIENTES VITALES PARA EL BIENESTAR DE LA FAMILIA

**Paciencia, permanencia, sentido de unidad, sentido de identidad y capacidad de echar raíces.**

## LA FAMILIA

Ahí es la mejor escuela de un ingrediente básico, **la paciencia**, se lo ejemplificare con algo muy cotidiano vgr. el rito de belleza efectuado por nuestra compañera no es algo sencillo, **para ellas el arreglo personal es todo un protocolo**, comparado con el de nosotros; a ti y a mí nos basta, baño, peinado, loción y ya estamos listos, ella siempre como un amigo me dijo, quiere impresionarte, poniéndose todos esos colores, que llamaron tu atención, quizás ya olvidaste que esos colores chillantes de una guacamaya en su rostro, te impresionaron, en el antes de …ella tiene que decidir que todo su conjunto personal, no desentone, tu y yo, podemos alternar quizá entre 3 colores, mezclilla, y un par de zapatos,… los más cómodos, ella preferirá sacrificar la comodidad, para, que la belleza impere.

## EL BULTO

- **Permanencia** no solo significa estar ahí, en mi práctica clínica, esposas me ha dicho, ¡¡¡si está en casa, pero como un bulto!!!; quiero hacer un paréntesis, para recordar un concepto que se maneja dentro del psicoanálisis; los "12 signos vitales psicológicos, uno de ellos, habla de la capacidad de establecer relaciones duraderas, (de tal manera que si no estamos funcionando bien en este signo, alguna patología psicológica, se está cocinando) recuerdo un matrimonio en asesoría que el esposo que tenia 3 trabajos, y su pretexto era que estaba pagando la construcción de una residencia, cuando el termino de hablar, ella dijo, ¡¡se va a quedar solo con su mansión¡¡; para la esposa y para Los hijos, **un bulto no sirve**, estorba, bloquea; nuestra familia no solo necesita un proveedor material, necesitamos estar ahí, y no solo ocupando un espacio, nuestro hijos necesitan mirar la participación del ambos padres en todas las actividades del hogar, para que estos a su vez, sean contagiados y accionen por consecuencia.

## LOS OTOÑOS E INVIERNOS EN LA RELACIÓN MATRIMONIAL, UN LEGADO REAL

El cuidado del uno hacia el otro, no debe ser una demanda, sino un placer otorgarlo, la cordialidad diaria debería ser como el pan de cada día, no estoy hablando de un matrimonio idílico, estoy refiriéndome a un matrimonio, regular, y normal, con altas y bajas, tampoco aludo que la relación, no tiene sus otoños e inviernos, pero, es enfrente de los hijos, que cobijamos el frio de la relación, no para encubrirla, sino para mostrarles, que toda relación, tiene tiempos de helada, y recoger las hojas del otoño, que servirán para atesorarlas y guardarlas en el libro-compendio de nuestra vida, para nuestras generaciones postreras será una gran lección vivencial, y no seremos mitificados; como los hijos de antaño, mitificaban los matrimonios de sus padres, pero eso es falso e iluso, porque todos los matrimonios, en todos los tiempos, han atravesado crisis de pareja.

**HUIR EN LUGAR DE ENFRENTAR COMO PADRES, LAS CRISIS EN NUESTRO HOGAR, SON EL INGREDIENTE POR EL CUAL TENEMOS MUCHOS HOMBRES, QUE DURANTE SU FORMACIÓN COMO PERSONAS, FUERON HIJOS HERIDOS EMOCIONALMENTE**

## "CUANDO EL BARCO SE HUNDE LAS RATAS HUYEN"
DICHO POPULAR

Hay un dicho viejo, fuerte e incomodo entre los marinos, "cuando el barco se hunde las ratas huyen, hace unos días un joven estudiante preuniversitario, de 1.80 m. fornido, acudió a mi consultorio, el tema inicio con una pregunta que él hizo, **"no sé cómo manejar que mi padre me haya abandonado"**, lo más sorprendente aun fue que el agrego, no le guardo rencor, pero me lástima que no me ha hablado, incluso, el ha venido a la ciudad donde vivo, y no pregunta por mí, puedo entender que no quiso estar al lado de mi madre, pero y YO QUE CULPA TENGO, ¡¡como manejo esto¡¡ lo más impresionante para mí al escucharle, fue que él era capaz de separar las acciones que su papá había cometido para con su madre, para no guardarle rencor (intelectualmente) por esa acción, pero al estarlo expresando era obvio, que no, el lloraba en silencio, estaba emocionalmente herido. Tenemos una infinidad de muchachos,(as) y otros ya no tan muchachos, espiritualmente y emocionalmente heridos, pueden racionalizar las acciones de sus progenitores, y aun perdonar su decisión, pero no lo pueden superar en lo profundo de su espíritu humano; estoy hablando de un muchacho inteligente, que buscó ayuda, pero…. Qué porcentaje de jóvenes se atreven a buscar ayuda, creo que es una minoría. Te sugiero que si tú tienes una relacion en crisis, ¡¡busques ayuda¡¡- no huyas como las ratas, afronta como un hombre o mujer madura(o) la decisión de permanecer y buscar ayuda. Aquí en Tecate, hemos sido testigos de que muchos hombres y mujeres decidieron dejar de ser ratas, asustadas, huidizas y se convirtieron en individuos de lucha; puedo decirte que incluso muchos de esos hombres y mujeres, y me sumo a ellos, no sabíamos manejar el conflicto en nuestros respectivos matrimonios, hoy puedo decirte que orgullosamente muchos de ellos, a pesar de que algunos, no han cursado una educación universitaria, no solo han superado sus crisis, hoy son junto a mí, unos expertos consejeros matrimoniales. De hecho tenemos un equipo de asesores, que se llama " matrimonios de Alto Impacto", y creo que es un nombre, que nos queda muy bien, no solo hemos impactado la sociedad en la que nos desenvolvemos, hemos beneficiado a muchas familias, es probable que no podamos cambiar una sociedad dañada, pero, estamos haciendo medicina familiar preventiva, estamos inyectando a nuestro circulo social, laboral, educacional y familiar, individuos funcionales, y apoyando a matrimonios que tienen la valentía de decir ¡no puedo, pero necesito ayuda¡, hoy puedo decir como dijo: **Teresa de Calcuta, "siento que lo que hacemos, es tan solo una gota en el mar, pero el mar seria menos mar, si le faltara esa gota."**

*SÚMATE A LOS HOMBRE QUE NO HUYEN, Y ENFRENTAN SUS DECISIONES CON VALENTÍA.*

## AUTOEXAMEN E INFORMACIÓN PARA REFLEXIONAR

**1.- ¿PREGÚNTATE CON HONESTIDAD, TENGO CAPACIDAD DE PERMANENCIA?, RUPTURAS MÚLTIPLES, ESCAPADAS DE LA CASA, HABLAN DE LA INCAPACIDAD PARA ENFRENTAR Y RESOLVER CONFLICTOS.**

**ESTAS ESTADÍSTICAS NOS MUESTRAN QUE, EN UN GRAN PORCENTAJE DE LOS HOGARES, EN QUE LOS HIJOS, FORMAN PARTE DE UNA FAMILIA MONOPARENTAL, NO TIENEN MODELOS DE LIDERAZGO SALUDABLE A SEGUIR, Y ESTAS CIFRAS LEJOS DE DISMINUIR. SE HAN INCREMENTADO.**

## ESTADÍSTICAS: EEUU

EN EEUU, el 8% de los hogares con hijos menores de edad están a cargo de un solo padre, hoy según el **Pew Research Center, a**

**partir del último censo (2013) la cifra asciende a 2.600.000, y el volumen de madres solteras se ha multiplicado por cuatro: 1.9 millones a 8.6.**

En la década de los 60, era muy frecuente escuchar esta frase de las madres solteras, "soy padre y madre", la escuche infinidad de veces, en boca de mi abuela y en la de mi madre, y es una frase bonita, pero a pesar de que en si misma tiene una gran carga de emotividad, no impacta de manera positiva la conducta de los hijos(as) que estén atravesando esta situación, ya que los individuos llámese hombre o mujer poseemos una estructura espiritual, psicosocial, psicobiologica psicoantropologica, que necesita el modelaje de dos individuos, del hombre y de la mujer, ya que cada uno de ellos, en forma particular, influenciara, dará pautas y lineamientos a seguir para el sano desarrollo de los individuos que estén bajo su tutela.

Soy gran admirador de estas mujeres, iniciando con mi madre, ellas hacen, hicieron, y estoy seguro que seguirán haciendo su mejor esfuerzo, pero, desafortunadamente, solo pueden ser madres, no se puede usurpar una posición tan necesaria, como es la figura masculina, en mi practica yo les sugiero a las madres solteras, que se apoyen en los abuelos, tíos, hermanos, y familiares hombres, para que este modelamiento de la figura paterna, sea proveído aunque sea de esta manera.

2 de cada 5 jóvenes menores de 18 años viven y han crecido sin su padre biológico, ya sea como consecuencia de un divorcio, o de nacimiento de madres solteras, es decir un 40 % de los menores de 18 años, en EEUU, viven en una familia monoparental. Este cuarenta por ciento representa más de veinte millones de niños y adolescentes.

La probabilidad de que un niño norteamericano de raza blanca nacido hoy, crezca junto a su padre y viva con el hasta ser mayor de edad, es del 25 %, para un niño de raza negra, la probabilidad baja incluso al 5%.

Las familias en las que los hijos viven con su padre y su madre biológicos representaban en 1950 un 43 % del total de las familias, en 1950, (casi 50 años después)ese porcentaje bajo al 25 %, y el porcentaje de familias monoparentales subió al 35 % del total de familias con hijos. Esta tendencia aparece en casi todos los países industrializados, con excepción de Japón e Israel. (Chouh.R Función Paterna y Familia monoparental ¿cuál es el costo de prescindir del padre?: cambios tendencias en la estructura de la familia norteamericana. APOYO BIOPSICOSOCIAL A FAMILIAS MONOPARENTALES, Medicina.uach.cl pdf

## RELACIÓN DE DIVORCIOS-MATRIMONIOS (1980-2013): MEXICO

1980.......... 4.4 %
1990.......... 7.2
2000.......... 7.4
2005.......... 11.8
2010.......... 15.1
2013.......... 18.6

INEGI, Estadística base de datos, consulta interactiva de datos/ registros administraticos/divorcios. Pag. Web

# CAPÍTULO I

## Mensaje para mis compañeros psicólogos

Es de suma importancia que ud como lector no juzgue a priori este material, es aquí donde quiero apelar a su criterio como personas científicas que somos; el método científico no nos permite juzgar alguna situación o evento sin que antes tengamos pleno conocimiento de él, si a lo largo o breve de tu vida no te has tomado el tiempo para leer y hacer una revisión metódica, de las sagradas escrituras, sería interesante que lo hicieras, para que contaras con mas elementos, y tus argumentos sean con bases, esto te capacitará para establecer un veredicto mas equilibrado.

Creo sinceramente que el maestro del amor, hubiese admitido entre sus discípulos, y sin pretextos a un Sócrates, a algún otro curioso e incrédulo, ¡ah! por ¡cierto!, si había un incrédulo entre sus seguidores, Tomas, así que te invito a que con una mente critica, honesta y abierta, te des la oportunidad descubrir las riquezas de ese libro, llamado santa biblia, o sagradas escrituras.

El austriaco Bruno Bethelem, psiquiatra y psicólogo infantil, triste protagonista del post-holocausto, escribió artículos interesantes, como por ejemplo la importancia de enseñar a leer y escribir a los niños, a través de personajes reales y no ficticios, él consideraba que hacíamos un insulto a la inteligencia de los niños, al ponerles a repetir, frases sin sentido, de personajes no reales.( **pag.65-66, 1975) Bruno Bethelem, psicoanálisis de los cuentos de hadas.** El uso la biblia como libro de texto, para ejemplificar una práctica manera de enseñar niños a leer y a escribir, argumentando que los personajes contenidos en la biblia, eran individuos de un contexto real, con actos que ellos identificaban como cotidianos, en su experiencia vivencial, lo cual le daba sentido a lo aprendido.

## Mensaje para mis compañeros cristianos

En primera instancia considero que debemos aprender a tomar lo bueno y a desechar lo malo, se ha juzgado a los estudiosos de la conducta como personas ajenas a Dios, y creo que se han emitido juicios erroneso, porque aun que la psicología, no es una rama de la fe, todos en cierta medida hacemos uso de ella todos los días. Quiero señalarles que el Señor Jesucristo utilizo aprox. 560 expresiones, en la escritura sagrada, que tienen que ver con la mente con el discernimiento, con el buen juicio, con la sabiduría, renovación mental, comprensión, con la modificación de la conducta, etc. etc.

Este lenguaje para los psicólogos, es el pan diario, nuestro trabajo es enseñar a las personas a utilizar el grandioso potencial que Dios nos regalo con un sofisticado sistema de pensamiento, también lo utilizamos para enseñar a las personas que tienen formas diferentes de manejar y asimilar el conocimiento (bajo rendimiento escolar); con capacidades diferentes, que ameritan entrenamiento y reeducación; es frecuente que en la familia se desarrollen sistemas de confusión en el proceso de la comunicación, falta de asertividad, fricciones en las relaciones, esto que le mencione, es un poco de las muchas actividades que forman parte de nuestro diario hacer, gracias por su atención, y espero haberles transmitido mi sentir. No nos valemos de trucos o fuerzas del mal, usamos herramientas didácticas, mnemotécnicas, pruebas estandarizadas, para identificar psicopatologías establecer parámetros y metas de trabajo, trabajamos con la mayoría de los profesionales de la salud, y de la pedagogía, coadyuvando y participando en mayor o menor medida, créame, psicología no es magia, es actualizarnos cada día, también es interesante, pero debe saber que: ¡¡¡es mucho trabajo!!!

Alguna ocasión un individuo del área de la salud, después de aplicarle una prueba llamada bender, me preguntó que como era posible, que con un montón de rayas (sin sentido para él) sirvieran para identificar algún patrón psicopatológico en él, le respondí de manera categórica, las pruebas psicológicas son para mí, lo que los estudios de laboratorio clínico significan para ti, el guardo silencio, comprendiendo mi analogía.

## PERFIL Y GÉNESIS DE HOMBRES O MUJERES VIOLENTOS

### *ESCUDOS DE VIOLENCIA

En estos 25 años, he identificado algunos patrones repetitivos, en las familias, por ejemplo, la mayoría de los matrimonios donde el cónyuge o ella, provenían de familias violentas, invariablemente, el patrón se repetía, también si él o ella venia de un hogar monoparental, solo papá, o solo mamá, había una actitud de violencia, para resolver los conflictos, esto es en apariencia, sencillo de comprender, si ese hombre o mujer que esta frente a mí, durante su desarrollo de niño(a)a adolescente, que son los escalones de desarrollo psicosocial, tuvo que enfrentar burlas, a veces rechazo de la familia del cónyuge ausente, de sus compañeros de escuela, menosprecio, maltrato, estigma, por no tener un apellido paterno, necesariamente tuvo que aprender a sobrevivir en una sociedad que le estigmatizo, por tanto el se autoprotegio creando **"escudos de violencia"** y es para él una forma habitual de resolver las crisis, y agredir para no ser agredido.

Por otro lado, es verdad que de hogares donde la crisis, es el pan de cada día, también, encontramos individuos destacados, y no necesariamente violentos, pero lo constituye una minoría, que por la misma vida que enfrentaron, lucharon para tener algo diferente; hay la otra cara de la moneda, donde, tenemos hombres que contaron con ambas figuras objétales, pero eran modelos distorsionados, se lo voy a ilustrar, una de esas ocasiones, una madre joven, solicito de mis servicios, para atender a su hijo, un preescolar de 4 años, por enuresis, y conductas desadaptativas, al llenar la ficha clínica le pregunte por su marido, y me contesto que él se encontraba muy ocupado en su trabajo, el era un brillante profesional en la política estatal, pero me comento que unos años atrás, ellos como matrimonio, se habían separado, y ella estableció una relación con otra persona, unos meses después, el padre del niño, le pidió que regresaran, ella rompió su relación y regreso nuevamente al domicilio conyugal, al retomar la relación me comento que el padre del niño, cada vez que le preguntaba al niño, por su madre, la llamaba "la prostituta de tu madre", en una oportunidad, en la segunda entrevista tuve la oportunidad de tratar a este cretino, con titulo; y al interrogarle el por qué el ejercía ese tipo de violencia y maltrato verbal, hacia el niño, y su madre, respondió: (sic) "para que vaya conociendo la clase de madre que tiene." tratare de mostrarle de una manera casi breve, algo que es complejo.

## MITOS ACERCA DE LA MADRE Y EL PADRE

Los niños(as) suelen ser extraordinariamente sensibles. El ser humano es dueño de su destino; pero los niños están a merced de quienes los rodean.

J.lubbock

### Mitos acerca de la madre, décadas de los 50/s- 90/s.

El vulgo tiende a crear y a mitificar figuras fantasiosas, se decía que la madre era una figura preponderante, en la vida de los menores, actualmente, se ha documentado que la figura del padre es insustituible como un marcador emocional-espiritual en la vida de los hijos, y claro que la madre es importante e influyente en el desarrollo de las conductas y procesos mentales de los hijos, recordemos que el despertar de los vínculos, se genero por la madre, aun desde antes de nacer, pero no en la forma exagerada, como antes se manejaba.

### Mitos acerca de los niños, y las niñas

mucho se ha escrito acerca de investigaciones en relación con los sistemas hormonales en la infancia de niños y niñas, y no se ha encontrado gran diferencia, en cuanto a los niveles séricos hormonales, es por eso que en sus primeros años, ambos pueden ser competituivos sin importar su sexualidad biológica, e incluso las niñas evidencian ser tan competitivas como los niños, en juegos de destreza habilidad, tanto mental como física, pueden presentar un rendimiento casi similar, estos niveles se ve modificando en la medida que estos niños están desarrollando, ya que en sus valores sanguíneos se encuentran sustancias hormonales importantes tal como la testosterona, la cual se va modificando. Es importante que no se les restringa con acciones como; las niñas no pueden jugar futbol, o juegos de fuerza y atletismo, actividades que en otro tiempo se consideraban actividades propias de los niños, ya que si logramos que niños y niñas, lleven este sentido de competencia en el área fisico-atlética, también la encauzaran en sus áreas intelectuales, y los retos de una carrera universitaria serán solo eso, un reto más en la vida, y continuarán con el paso de las subsiguientes etapas de desarrollo psicomotor de manera habitual.

## ESTILOS DE CRIANZA

Diana Baumrind (1971; citado en Papalia, 1992) describió la relación entre los diferentes estilos de crianza.

Se ha encontrado que los hijos de padres/madres estrictos, son los más adaptados. Son más seguros, con más autocontrol, y los más competentes socialmente. A largo plazo estos niños/as, desarrollan una autoestima, mas alta y se desempeñan mejor en la escuela, que aquellos que fueron criados con otros estilos de crianza, (padres/madres autoritarios, padres indiferentes, padres permisivos, autoritarios, estrictos).

Las acciones conductuales de los hijos varones, creciendo bajo la tutela de un padre y una madre funcionales y emocionalmente estables, generalmente serán individuos que manifiestan seguridad, en la mayoría de los actos de su vida, son más competitivos, presentando índices de una saludable autoestima.

# CUANDO UN (A) MENOR ES HERIDO(A) EMOCIONALMENTE

Iniciare diciendo que si ud y su pareja como tal, cuando tienen alguna diferencia, ud como adulto puede tomar algunas de las siguientes acciones: ignorar a su pareja, insultarlo,(a), marcharse con sus amigos a beber, irse a la casa de su mamá, rentar un hotel etc. Pero el menor, no tiene ese abanico de oportunidades para alejarse de la crisis que ante sus ojos ud y su pareja le presentan, no puede ni tiene la madurez para enfrentarla, no tiene la alternativa de escoger otros padres, "son las únicas figuras objétales donde él se ha ido desarrollando", por no decir deformando, además de que ustedes son los la primera y última alternativa, buena o pésima que ha conocido, no puede emborracharse, no puede irse con los amigos, y su pequeña estructura yoica, recibe todo el peso emocional de los insultos, de las amenazas, de los golpes, ahí es donde iniciamos a troquelar la vida del menor. inicia a ser marcada,(o) no solamente en lo emocional-espiritual, sino en lo fisiológico, estudios científicos han avalado, que muchas de las estructuras del complejo sistema nervioso central, sufren cambios, y deterioro, particularmente una pequeña estructura llamada insula anterior y, también una pequeña estructura del SNC, la amígdala, también conocida como el centro de las emociones. **univ. De Londres, Dr. Eamon Mc Crory. Lena Lim, Joaquim Radua, Katy Rubia."Gray Matter Abnormalities in Childhood Maltreatment: A Voxel-Wise Metaanalisis"**

**El padre como herramienta y figura modeladora y transformadora en el ámbito familiar, social y conductual en la vida de los hijos e hijas.**

Si ud pasa por las rancherías en cualquier pueblo donde haya ganado, ud va a mirar que los novillos con mucha frecuencia, son ayuntados a un buey maduro, y que el novillo tiene la tendencia a querer andar libre y trotando, pero se encuentra atado a un buey maduro, y el novillo por mas jalones que se de, no se logrará liberar, el buey grande, resiste los topes, patadas, mugidos y embates. Creo que hasta los animales en su naturaleza como tales, nos ofrecen lecciones de crianza, me temo que nos cuesta mucho trabajo entrenar a nuestros novillos (hijos-hijas), en vivo y a todo color, no solo con palabras. Y créame que – no le hablo desde una perspectiva teórica, he tenido atados a mi vida 3 hijos varones, (aun tengo 2 de mis hijos en cierta manera junto a mi) , no es una tarea fácil, es frustrante a veces, pero recompensante, cuando ud mira los resultados, hoy le puedo asegurar, ha valido la pena. Esto ha significado abrir mi corazón, y contarles eventos por los que atravesé como hijo de madre soltera; eventos que no han sido tan gratos, para ejemplificarles, y señalarles que al igual que ellos, tuve la alternativa de tomar decisiones adecuadas y no adecuadas, pero que todas ellas me llevaron a vivir una consecuencia. pareciera que hoy a muchos padres de familia con los que he hablado, se rehúsan contar a sus hijos acerca de los desaciertos; pensando quizá que a los ojos de sus hijos, se verán débiles y de poco valor, pero nuestros hijos tienen en gran estima la sinceridad, y créame, no necesitan modelos perfectos, necesitan modelos que al igual que ellos, se han equivocado. Durante mi adolescencia, Los pocos amigos que me presentaban como modelos de producto terminado, no eran mis mejores amigos, porque yo sabía que eran personas que quizá nunca entenderían mi situación personal, los veía demasiado perfectos y también algunas veces al interactuar con esos "modelos de producto terminado", eran solo una vida de apariencia.

Es muy fácil hablar a tus hijos desde una plataforma de perfección, pero se amerita mostrarles que, lo que hoy eres, y que ha servido para formarte, no solo fueron acciones asertivas, sino también tus tropiezos, esto les hará sentirse más identificados contigo.

Necesitamos atarlos (como el pequeño novillo) a nosotros con acciones, es prioritario sujetarlos con una conducta ejemplar, y ser una herramienta precisa y eficaz, que les forje, ajuste y facilite, vivir el resto de su vida armoniosamente. Para que ejerzan así, los múltiples roles sociales, que enfrentaran en su caminar, y créame que nuestros jóvenes actuales, enfrentan retos mayores de los que probablemente ud y yo no saldríamos bien librados.

Nuestros hijos vivirán sus propias batallas, cuando establezcas limites, recuerda que tu eres el metro patrón, ¡¡¡siiii, pero les vas a bajar ansiedad, y la sensación de que eres obra terminada, dales pequeñas platicas, no sermones, de tus fallas desde que eras pequeño, por ejemplo, si tú eras mas borracho que un vikingo, y ahora has dejado de serlo, que bien, pero no te asustes, cuando te digan, que se tomaron unas cervezas, "háblales de la otra cara de la moneda", la que de ti, ellos no conocen bien, enséñales como es que dejaste de serlo. Recuerdo que una ocasión mi esposa, mis 3 hijos y yo, entramos a comer a un lugar, y mi hijo mayor que bordeaba 16 años de edad, me pregunto que si se podía tomar una cerveza, yo le mire y le dije, si pero te la vas a acabar toda, el sonrió pícaro y pidió su cerveza, sus hermanos pequeños se reían, y mi esposa estaba asombrada, cuando terminamos de comer, el no se tomo ni la mitad; ya en casa, mi esposa me pregunto por qué le había yo había permitido ingerir cerveza, le respondí: es mejor que él tenga esa confianza para decirnos o pedirnos todo lo que quiere, y no que su curiosidad, se vea reforzada, por alguna persona que no le de respuesta a sus inquietudes, de los pros o contras en su accionar.

Una función importantísima es la que Lamb 1987; Smorti 1987, ha señalado como la influencia del padre es preponderante para la adquisición de **un preciso rol sexual.**

## LA MADRE COMO HERRAMIENTA Y FIGURA MODELADORA Y TRANSFORMADORA EN AL ÁMBITO FAMILIAR, SOCIAL Y CONDUCTUAL EN LA VIDA DE LOS HIJOS Y DE LAS HIJAS

Cuando ya somos adultos es muy fácil perder la perspectiva y la objetividad al querer establecer lineamientos y reglas a nuestros hijos, y me suenan muy cercanas las notas de la conocida canción de Serrat, "señora", y unas estrofas dicen más o menos esto: "póngase ud un vestido viejo, y de reojo ante el espejo, haga marcha atrás, señora, recuerde antes de maldecirme, que tuvo ud la carne firme, y un sueño en la piel"...

Nuestra descendencia, no es diferente a nosotros, también tienen un sueño, recuerde que la genética, mas tarde o más temprano aparecerá; ellos al igual que nosotros atravesaran situaciones(parecidas a las que ud y yo vivimos) que les gustara experimentar, vivir, no te asustes de ellos, ten la objetividad de escarbar en tu pasado, y señalarle que les entiendes, que él (o ella )quiera aprender a usar sus alas, recuérdale que ustedes están ahí para enseñarles, y no para juzgarles, pero lo más importante será, supervisar cuidadosamente, y extender tu mano, hasta que aprendan a realizar sus sueños, ellos deben saber, que si al estrenar sus alas cayeren, tú estarás junto a ellos (as), como red de protección.

Tu como madre no te olvides que también "tuviste un sueño en la piel", perdemos la objetividad y también les alejamos de nosotros, si no recordamos que alguna vez también nos ilusionaba, lo que ahora a ellos o ellas les ilusiona.

He tenido en mi consulta padres y madres que quieren establecer límites no congruentes o coherentes a la vida cotidiana, y que además lastiman emocionalmente a sus hijos, alguna madre me dijo que ella no le gustaba tal o cual chica para su "bebe" de 17 años, solo le recordé que él no iba a escoger las amigas o novia, que a ella le parecieran bien; me parece adecuado que establezcamos limites, sin olvidar que ellos necesitan vivir sus procesos de vida, de forma muy particular, cada uno de nuestros hijos, es especialmente único; pero mas que preocuparnos, debemos ocuparnos para ofrecerles dirección adecuada, oportuna y veraz.

## EL HOGAR " UN CAMPO DE BATALLA", Y SU IMPACTO EN LOS MENORES

**El matrimonio es una cadena tan pesada, que para llevarla hace falta ser 2; y a menudo, 3. Alejandro Dumas**

**Transnational Relations Between Perceived Parental Acceptance and Personality Disposition of Children and Adults.**

Se han efectuado estudios de IRM (NUCLEAR MAGNETIC RESONANCE IMAGING), imagen por resonancia magnética, a ciertas estructuras cerebrales, en niños cuyo ámbito familiar es estresante; se muestran cosas interesantes, como lo que expongo; este estudio también señalo que las reacciones observadas en el cerebro de los pequeños del muestreo, fueron exactamente iguales a las de los soldados gravemente traumatizados por experiencias bélicas; ahí podría estar la génesis de los niños violentos, o de los individuos que asesinan con saña; mostrando lo que podríamos denominar, aplanamiento afectivo emocional consciente, (característica muy frecuente en las personas con esquizofrenia) es obvio entonces que estas situaciones en la vida de los menores, traerá severas alteraciones en la formación de lo que será la base de la estructura de su futura personalidad , incapacitándoles para llevar a cabo una vida funcional, en lo afectivo, espiritual, académico, cognitivo, psicosexual y en su desarrollo social, (matrimonio, campo laboral etc.).

## ANÁLISIS CONTEMPORÁNEOS DE ESTUDIOS INTERESANTES, SOBRE HIJOS CRIADOS SIN LA CERCANÍA DE LA FIGURA PATERNA

Existe un interesante estudio **Transnational Relations Between Perceived Parental Acceptance and Personality Dispositions of Children and Adults, efectuado por el psicólogo Ronald Rohner, de la Universidad de Connecticut,** durante las primeras etapas de la vida del menor, este estudio refiere que los niños profesan un mayor respeto a la figura de su progenitor, porque les otorga mas estatus y lo convierten en su modelo a seguir. Por otra parte refiere que los niños criados en hogares monoparentales son más proclives a sufrir disfunciones emocionales; este organismo efectuó un estudio longitudinal analizando a mas de 10,000 casos de niños criados en diferentes tipos de familias, y se descubrió que:

Los menores educados sin su padre, tendían a ser más ansiosos, nerviosos e inseguros, así como hostiles, y agresivos hacia los demás; tendencia apenas perceptible entre los niños, que habían sido criados en ausencia de una madre, asevera además que esta personalidad se conserva incluso a lo largo de la edad adulta.

"No hemos encontrado ninguna otra experiencia que afecte a nuestra personalidad, y a nuestro desarrollo de manera tan fuerte

<u>y consecuente, como el haber sido abandonado por un progenitor, especialmente en la niñez, afirmo Rohner".</u>

este estudio fue publicado por la revista Personality and Social Psychology, en un compendio de 36 investigaciones, realizadas en diferentes países. Por lo que los resultados son aplicables a todo el mundo "sin importar diferencias de raza, cultura y genero.

Pregunta de autoexamen e información de reflexión

1- es importante y valido que yo admita que mucho de lo que he vivido, ha influido en lo que actualmente soy, si ud a pesar de las crisis vividas ha sido un individuo resiliente, le felicito, y en verdad, las circunstancias pueden influir, "¡PERO USTED DE LA MANO DE DIOS DETERMINE, NO QUEDARSE IGUAL!", no sea más la victima de esta situación.

2- ¿cómo puedo iniciar¿, ¡¡saque toda esa información del CPU!! de su cerebro, y busque alimentarse emocional y espiritualmente, de manera rotunda puedo decirle que vivirá y disfrutará todo lo que venga por delante.

Es importante que establezca contacto con terapeutas y grupos de apoyo espiritual, en su vida personal, no solo tenga una fe de adorno, ¡¡ÚSELA¡¡ es una herramienta eficaz.

**Indicadores emocionales-conductuales y fisiológicos ocasionados por la ausencia de la figura paterna**

* dificultad para establecer relaciones de confianza y para tener pareja estable
* trastornos de la eliminación
* trastornos de la comunicación
* trastornos de identidad

* ira y resentimiento
* baja autoestima
* dificultad para resolver situaciones estresantes
* son más propensos a sufrir disfunciones emocionales

**Lo que la teoría no puede predecir con certeza**

* en forma cíclica pueden volver a experimentar episodios depresivo- emocionales durante muchos años; (aun que la literatura no lo registre, este último punto lo presencie, permítame narrarlo: durante mi estancia (38 años) en el ámbito hospitalario, tuve la oportunidad de alternar con personas de buen estatus social, buena posición laboral, y particularmente una persona, con la que tuve relación muy cercana, exitoso, con un excelente sueldo, padre de familia, con 2 hijos adolescentes, ocurrió que al estar ofreciendo una interesante conferencia, sobre la familia, el se quebranto emocionalmente y lagrimas llenaban su rostro, fue asombroso para mi, debido a que la teoría psicológica de los 80/s decía que los duelos bien resueltos, afectaban solo algunos años, este profesionista exitoso, tenía 45 años, y al hablar de su padre, la herida emocional infringida en su niñez, 33 años atrás, afloro durante la conferencia.

Es probable que los estudiosos e investigadores de la conducta, se quemen las pestañas indagando acerca de todas las eventualidades que acontecen a un ser humano, privado de sus más elementales figuras de apego inicial, (padre y madre); pero nunca podremos medir ni encontrar, todo el deterioro psicofisiologico, y psicopatologico generado en lo más intimo de su ser, en lo espiritual.

# NOTICIA ALARMANTE DEL TDAH

el 23 de mayo de 2013 el semanario alemán Der Spiegel publico un artículo en el que el **Dr. Leon Eisenberg descubridor del TDAH** explico que el TDAH, es un ejemplo de **enfermedad ficticia;** en esta declaración el famoso psiquiatra, añadió que lo que debería hacer un psiquiatra infantil es tratar de determinar las razones psicosociales que pueden producir problemas de conducta, y ver si hay problemas con los padres, si hay discusiones en la familia, si los padres están separados o juntos, si hay problemas en la escuela, si al niño le cuesta adaptarse, porque le cuesta, etc. A todo esto añadió que lógicamente, esto conlleva un tiempo, un trabajo, y acompañado de un suspiro concluyo: "prescribir una pastilla contra el TDAH, es mucho mas rápido", y el editor agrego," y mucho más ventajoso para el negocio de la psiquiatría".

Y es casi seguro que si no amamos a nuestros hijos, los sujetaremos a medicación, para callar nuestra conciencia, de no haber hecho algo por ellos, como en el caso del uso del metilfenidato; quiero señalarte de manera muy contundente, he tratado niños con trastorno de hiperactividad, y mi receta durante muchos años ha sido la siguiente:

- Enseñar a los padres que establezcan rutinas de juego y lectura por lo menos 2 veces a la semana con sus hijos.
- He tratado de enseñar a los padres de un niño con este tipo de transtornos, a fabricar para sus hijos, "TIEMPO DE CALIDAD". Porque nunca tenemos tiempo, y si les brindamos una migaja de tiempo, le llamamos "tiempo de calidad".
- He tratado de enseñar a los padres a establecer límites, que ellos mismos cumplan, para que sus hijos que son lo suficientemente inteligentes (yo diría que más que los padres),

encuentren congruencia entre petición y acción parental personal.

- He sugerido que los padres manejen técnicas adecuadas de discusión de sus diferencias como pareja, que aprendan a negociar, sus situaciones de conflicto.

Les he pedido que dejen los gritos, para cuando se vayan a caminar, lejos de sus hijos (as), para que les disminuyan ansiedad.

Le he enseñado, que lo que para ellos es solo una amenaza hacia su pareja, como: "te voy a matar", "me voy a largar", "vete con tus hijos", para los hijos es motivo de crisis de ansiedad, además de no mirarlo solo como una amenaza, sino como una realidad y muchísimos más trastornos, que después nos demandará gastos con los especialistas, independientemente de todo el gran daño colateral.

Durante la consulta de un escolar, el padre me presento sus credenciales: dijo, soy jefe de recursos humanos de una empresa que maneja cientos de trabajadores, y todos me hacen caso, pero no logro que mi hijo me obedezca, le he llevado con neurólogos, psiquiatras, psicólogos, y la mayoría me sugiere que es un niño con TDAH, pero no me lo han podido cambiar: a boca de jarro me dijo, "¿Ud cree poder cambiarlo ?", mi respuesta también fue clara y un no determinante, esto le dejo callado por unos segundos,...

Posteriormente Le explique que cada niño tiene un ritmo diferente para enfrentar la vida, y que este programa es muy particular, aun entre los hijos de una misma familia, y que lo único que yo podría hacer, era descubrir, como adaptarnos a "su ritmo", y que la primera fase de cambio, debía comenzarse en los padres del menor; el acepto el trato, y posteriormente le indique: permítame trabajar con su hijo 30 días, después de ese tiempo, ud me puede decir hasta luego, si no mira resultados; a los quince días los padres del menor muy contentos y asombrados, me dijeron que ya su hijo había hecho cambios sustanciales, continuamos trabajando con los padres, por 3 meses más, de pronto, dejaron de asistir a la consulta, y una mañana, me encontré en la clínica con el padre del menor, y le pregunte: ¿por qué dejo de visitarme? el respondió, lo que pasa es que tengo mucho trabajo en mi empresa, y solo vengo a visitar al psiquiatra para que me prescriba metilfenidato.

¿Sabe cuál fue la clave para el cambio?, no fue las citas de 45 minutos de juego estructurado que yo tenía con el menor, fueron las rutinas que los propios padres establecieron, en casa, rutinas que puntualmente les había indicado, cosas muy sencillas, pero que requerían tiempo con su hijo; en realidad queremos tiempo para  nosotros, no para "malgastarlo con nuestros hijos", es irónico, que: "trabajamos para que ellos tengan lo mejor", pero lo mejor para ellos, está muy cerca, y no cuesta tanto, "TU ERES LA MEJOR MEDICINA", "TU ERES SU MEJOR METILFENIDATO", "TU ERES SU MEJOR TERAPEUTA".

- No agregare mas, ud saque sus propias conclusiones, tengo gran admiración por las ciencias de la salud, es mi campo de trabajo de toda la vida, desde que soy un adolescente, hasta este momento. Tengo amigos psiquiatras, médicos, psicólogos, pedagogos, pero creo que dopar a un menor, sin llevar a cabo una evaluación honesta en todas las áreas de su vida; es destinarlo a un daño mayor.

**RECORDEMOS LA VIDA DE LEE HARVEY OSWALD PRESUNTO AUTOR DEL ASESINATO DE JOHN F KENNEDY. wikipedia. El viernes 22 de noviembre de 1963**

Un hombre acciono el arma asesina contra John F Kennedy, el asesino era un desatacado exmarine de elite especializado en artes militares, Lee Harvey Oswald; en su historial de vida encontramos que creció sin la figura paterna. Y además estuvo en 22 hogares sustitutos, antes de haber cumplido los 18 años, frecuentemente era cambiado también de ámbitos escolares, se dice de Oswald, que era retraído y temperamental, diagnosticado a los 14 años de tener una personalidad esquizoide, y tendencias agresivas; se alisto en los Marines, a los 17 años, donde recibió un entrenamiento militar estricto.

## ASESINATO EMOCIONAL

Considero lo que el maestro de la universidad del ejercito, capitán de psicología Mario Castro, maestro psicoanalista acendrado, nos hacia hincapie en que, el padre era una figura importante en la formación de los individuos, particularmente en los hijos varones, ya que es el modelador, y transformador social; precisamente de la figura que careció Lee Harvey. Considero que en nuestro mundo hay muchos hombres muy destacados, incluso galardonados en su área profesional, probablemente su nombre no saldrá como asesinos públicos, pero que han **asesinado emocionalmente** su matrimonio, y destinado a sus hijos al más cruel de los abandonos, el privilegio de crecer y desarrollar al lado de su padre, no descarto que la madre sea importante, también lo es, pero no se debería criar un hijo, sin ambas figuras.

## APLANAMIENTO AFECTIVO EMOCIONAL CONSCIENTE

Tengo la oportunidad de trabajar en una institución de asistencia social, a niños privados de sus padres, y la mayoría de estos menores, hasta su vida adulta, presentan (**AAEC**) **aplanamiento afectivo emocional consciente**, como una conducta de protección, no se vinculan fácilmente, no les emociona en apariencia si les van a dar regalos o no, claro que les gustan, pero no viven añorándolo, ya que han tenido que, auto organizarse cognitivamente (mecanismo defensivo poco estudiado) para ya no confiar en una sociedad, que les privo, de lo que por ley natural, y derecho legal, les debería ser dado, una madre y un padre, que les prodiguen afecto, armonía, seguridad emocional-espiritual.

Aun que **aplanamiento afectivo emocional consciente**, como patología se atribuye a pacientes con trastorno de esquizofrenia, no deberíamos de descartar, que conductas dañinas, desorganizan de manera contundente nuestro sistema nervioso central, y específicamente los centros y estructuras relacionados con el placer y realización de los individuos.

## PREGUNTAS DE AUTOEVALUACIÓN

**1.-Cuales escudos has estado cargando durante tu corta o larga vida, déjame decirte que he tratado en la clínica, hombres de 76 años, brillantes, catedráticos de universidad, con toda una vida en conflicto, temerosos de que alguien les descubra.**

**Por mucho que tú te escondas, hay alguien que te conoce, muy bien, el primero es Dios, "A donde me esconderé de tu presencia, ¡¡jamás podría huir de tu presencia!!". Biblia Nueva Traducción Viviente, Salmo 139:7-12**

**Existe otro que no te lo puedes despegar, y es ¡TU CONCIENCIA!, y esta no solo te condena día y noche, es tu peor enemiga, no te la puedes despegar.**

**La otra, ¡SI!, la conoces muy bien, ¡ES TU ESPOSA!, humanamente puedes vivir auto engañado, porque nadie se entere, y quizá tu compañera por lealtad, no te quiere descubrir o avergonzar, pero, mira su cara, es posible que dentro de su espíritu humano, ella no ha logrado hacerte feliz, a pesar de todos sus mejores esfuerzos.**

2.- Enumera tus escudos, y busca dirección espiritual-emocional, para que te digan cómo deshacerte de ellos, no te esperes más. Hazlo progresivamente, y no te desesperes, pero recuerda solo no podrás, ruego a Dios que te permita estar cerca de "familias nido de apoyo," para que al igual que mi esposa y yo hemos prohijado, a muchos "matrimonios huérfanos," alguien te adopte.

## *UNA GRAN HISTORIA DE LUCHA

1. ahora es tiempo de que te deshagas de esos escudos de negación, de ¡así soy yo!, ¡así me conociste! etc.

Nadie más que solo tú te tienes que deshacer de ese lastre, no lo pospongas, si estas en plena juventud, no pierdas una de las magnificas etapas de tu vida y de tu familia, ofréceles un nuevo hombre, transparente. Y si estas bordeando la tumba, porque no cerrar la última vuelta de tu vida con una gloriosa, y triunfante victoria, déjame relatarte de un hombre, que vivió encerrado en la penitenciaría, la mayor parte de su vida, creo que consideraba, mas como familia a los reos que estaban junto a él, que a su propia familia; tuve el privilegio de conocerle a él y a su esposa, y tratar su caso matrimonial, era un hombre que bordeaba los 70/s, y al egreso del penal, un familiar preocupado por el, me pidió que si les podía brindar ayuda, establecimos contacto, y este hombre que había delinquido, la mayor parte de su vida, empezó a trabajar lo espiritual-emocional, déjame decirte que después de 6 meses de estar trabajando su relación, tuve necesidad de salir de la ciudad, y ese día por la tarde recibí una llamada, donde me notificaban que Enrique había muerto, en cuanto pude, regrese a la ciudad, y al llegar a su casa, durante el velorio, yo esperaba una familia en crisis, mi sorpresa fue grande, pensaras que es locura, pero parecía que la familia tenía una gran fiesta, nadie lloraba, yo me acerque a la viuda y le pregunte, ¿Andrea como se siente? Ella me dijo, mire Eduardo, Enrique a pesar de la horrorosa vida que nos dio a toda la familia, con estos últimos 6 meses, me compenso, todo lo que una vida de matrimonio no hizo; al acercarme al hijo mayor, y hacerle la misma pregunta, voy a citar las palabras textuales que el contestó: el viejo nos dejo una prueba difícil de superar, con esto quiero cerrar esta grandiosa historia, no hay límite de edad, aplica para los jóvenes y para los que tenemos "juventud acumulada", para ti y para mi, así que no tienes excusa.

2.-Has un plan sencillo, pero da los primeros pasos, y prepárate para cerrar tu ciclo de vida, de una manera valiente.

# CAPÍTULO II

¡Cuán grande riqueza es, aun entre los pobres, ser hijo de un buen padre!
Juan Luis Vives

## CUAL ES EL IMPACTO SOCIAL DE LOS INDIVIDUOS (HOMBRES O MUERES) PROVENIENTES DE HOGARES MONOPARENTALES, CUANDO FORMAN UNA FAMILIA

El enfoque de esta frecuente situación, podemos analizarla desde el encuadre psicoanalítico, cognitivo-conductual, humanístico.

## ORIENTACIÓN PSICOANALISTA

Este encuadre nos habla, acerca de las carencias psicológicas y conductuales que en un individuo prevalecerán durante el curso de su vida, es congruente debido a que la relación con el padre, como relación objetal, es un vinculo que favorece la identificación como figura-marco de referencia, generador del beneficio de seguridad personal; modelo guía, modelo transmisor de afecto, modelo de entrenamiento, modelo de contención.

EEUU, (Wilson 1994) se efectuó estudio sobre 60,000 niños(as), ahí se determino que para ambos sexos y en todos los niveles sociales, exceptuando el más alto, y sin diferenciar la raza, los niños que vivían con una madre separada o divorciada, tenían considerablemente, peores condiciones, que los niños que vivían con ambos padres biológicos. Así quienes vivían sin el padre, tenían la tendencia a ser frecuentemente expulsados de las instituciones educativas, a sufrir diversos trastornos del comportamiento, y a sostener dificultades con sus pares, además de presentar una elevada tasa de mortalidad infantil, mucho mayor, que quienes vivían con sus padres.

## ORIENTACIÓN HUMANISTA

También llamada tercera fuerza psicológica, bien representada por uno de sus máximos exponentes, entre otros, Abraham Maslow; el surgimiento de esta tercera fuerza nace a raíz de 2 posguerras mundiales, donde se había perdido la esencia del individuo como un hombre con necesidades básicamente interiores, no resueltas; se mira como un ser con necesidad de autorrealización, y es desde esta perspectiva, donde establezco mi tesis, que el hombre puesto en condiciones de crecimiento, emocional, espiritual, físico, mental-intelectual, y familiar puede presentar una asombrosa expansión de vida.

Pero estas condiciones, que básicamente son generadas, en sus primeros años, deben también ser alimentadas en esa etapa, de no hacerlo asi la familia inyectara a la sociedad, **hombres limitados tanto para dar, como para recibir,** pues no se puede dar lo que no se tiene; el dar en su completa acepción comprende, no solo dar materialmente, sino afectivamente, espiritualmente, emocionalmente, profesionalmente; y aun mas allá, darnos, si la sociedad, lo amerita, sirviendo a nuestros semejantes.

## ORIENTACIÓN COGNITIVO-CONDUCTUAL

Considero que se amerita ser ecléctico, para poder equipar al individuo, particularmente al hombre, que ha sido lesionado para funcionar como tal; pues un hombre sin formación, será un hombre con una vaga idea de lo que su rol como tal, le exige; validamos su carencia, pero la orientación cognitivo conductual le dice; aceptamos que no recibiste, lo que ameritabas pero **"no te puedes quedar estacionado ahí", tienes un pensamiento, tu puedes, pero ¡¡tú tienes que decidir¡¡,** Dios no creó individuos para que se queden en un estado de discapacidad; aun Job fue empujado por Eliphaz, a tomar una decisión con estas palabras: "Determinaras asimismo una cosa, y esta te será por firme, y sobre tus caminos resplandecerá la luz; hoy más que nunca necesitamos hombres **"que determinen, una cosa a la vez". Biblia RV 1960, Job 22:29.**

# CAPÍTULO III

## DISCUSIÓN DIRIGIDA

### PREGUNTAS DE AUTOEVALUACIÓN

1.- Necesito aprender a pelear y discutir de manera asertiva, no contra mi pareja, sino contra el problema que se genero
2.- buscare un referi neutral

**"La blanda respuesta apacible, desvía el enojo la ira, pero las respuestas ásperas encienden los ánimos." Biblia Nueva Traducción Viviente. Prov 15:1.**

## PRACTICANDO LA DISCUSIÓN DIRIGIDA

Generalmente Laura y yo, hemos aprendido a discutir sin escondernos de nuestros hijos, esto les ha mostrado a nuestros hijos, un marco de referencia en relación a lo saludable que es discutir, ¡¡¡si!!!, pero de manera adecuada, no a gritos, ellos aprenderán a "pelear" con reglas, y sin ases bajo la manga. En una ocasión íbamos en el carro con nuestro hijo Ivan, y el nos dijo, como es que ustedes de pronto están en una discusión, y al minuto siguiente están riéndose, a lo que mi mujer le contestó, te estamos enseñando, que tenemos derecho a no estar de acuerdo, pero discutir ese desacuerdo, respetuosamente, nunca has escuchado que nos insultemos, o que nos recordemos nuestra familias de mala manera. Recuerdo que una de las materias que lleve en la universidad del ejercito era llamada **Discusión dirigida**, sin maestro que la condujera, y disponíamos de una hora para discutir cualquier tema de la clase, pero sin golpes o violencia verbal. Alguien de los lectores que ha estado en una universidad militar, sabe lo difícil que es esto, y más si tenemos mucha juventud, las discusiones acaloradas las dejábamos para nuestro tiempo de hora de deportes, había buenos guantes de cuero, y al final, terminábamos como grandes amigos. En el matrimonio tener diferencias es saludable, pero la forma en que las manejamos y resolvemos, hace la diferencia.

Un modo de **operar seguro** es aprender a frenar nuestra lengua, y el segundo freno es el cuidar el corazón de nuestros hijos, para enseñarles a operar **el frenado del Modo Seguro de nuestra lengua.**

## TIEMPO FUERA

Creo que a los adultos, nos vendría bien las técnicas de tiempo fuera, para no permanecer enojados, tanto tiempo, de la misma manera que hacemos con nuestros niños cuando tienen problemas con reglas, dentro del grupo escolar o la familia.

Creo que el Creador nos doto de un mecanismo fabuloso para el manejo adecuado de las emociones, y que esto nos evitará arrugas prematuras, disfrutar nuestra relación, perder el tiempo de una manera torpe, infartos, elevaciones innecesarias de adrenalina, silencios sepulcrales, por semana, o algunas parejas hasta quince días.

# CAPÍTULO IV

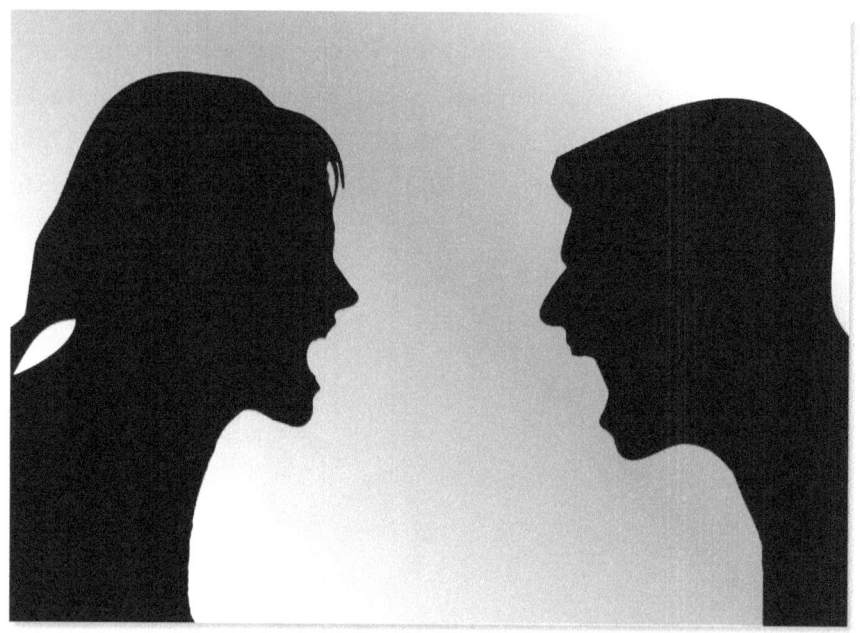

## Y QUE CON EL "SOY DE CARÁCTER FUERTE"...

El o (la) que pierde los estribos, con facilidad provoca peleas, el (la) que se mantiene sereno(a) las detiene. Nueva Traducción Viviente prov 15:18.

Además no pequen, al dejar que el enojo los controle. No permitan que el sol se ponga mientras sigan enojados. Efesios 4:2.

# NECESITAMOS EJERCITARNOS EN EL DOMINIO PROPIO

## Definiendo lo que es carácter, y temperamento

## Trastorno explosivo intermitente

Con mucha frecuencia en la relación de pareja, se generan eventos, en los que los gritos empujones o golpes, son parte de nuestro diario vivir, psicológicamente este es un problema llamado trastorno explosivo intermitente.

Dejarnos llevar por la impulsividad, acto muy frecuente en la relación matrimonial, argumentando que tenemos carácter fuerte, es una actitud inmadura, y lo más adecuado sería decir soy de temperamento explosivo o volátil, la palabra carácter es muy usada, pero muy mal comprendida.

Acudamos al diccionario para clarificar este término, en términos grecolatinos la palabra carácter es "kharakter", y a través del latín leemos character, que significan "el que graba". También tiene una connotación de hacer una marca, en si carácter es por tanto y se debería aplicar a un individuo que a pesar de las circunstancias, o en medio de una crisis, guarda una postura de inalterabilidad, soplen vientos o mareas, es saludable que se incomode, pero sabe expresar en el momento adecuado, el lugar adecuado y de manera asertiva su desacuerdo, eso hablaría mas de carácter, que una reacción temperamental o respuesta de berrinche.

Concluimos considerando que quien quiere evidenciar con gritos, insultos, maltrato, destruyendo objetos, un carácter, fuerte, en realidad, está mostrando su falta de el…. si decimos que carácter es marca, cada vez que se desmarca, se hace volátil, entonces no existe tal marca, una marca o cicatriz, siempre esta.

Es muy frecuente que cuando estamos en nuestro trabajo, o alternando con otras personas, mostremos que somos educados, y respetuosos de sus indicaciones, aun que nos pidan o nos ordenen, situaciones laborales o peticiones que no sean de nuestro agrado, ahí doblamos las manos, ¿por qué? como necesitamos el trabajo, pues ahí si ejercemos el dominio propio, esto denota, que si podemos tener autocontrol sobre nuestros actos impulsivos.

No quiero decir con lo anterior que no debemos manifestar nuestro enojo, hay una máxima que dice: "además no pequen al dejar que el enojo los controle, **ni permitan que el sol se ponga mientras están enojados, biblia nueva traducción viviente Efesios 4:26**, esta frase nos enseña que es saludable que nos enojemos, pero que nuestro enojo no incomode a los que nos rodean.

Toda relación de matrimonio en la que no se ejercita el dominio propio, en su faceta del respeto, tiende a deteriorarse, y si uno, o los 2 somos temperamentales, nuestro matrimonio estará sobre un campo minado, mas tarde o más temprano, tendremos explosiones, y estas nos llevaran a perdernos cada vez más el respeto y consideración.

# CAPÍTULO V

## LA MAQUINA MAS VALIOSA,... MI CORAZÓN, EL TUYO,... Y LA FE

**El corazón humano es un instrumento de muchas cuerdas; el perfecto conocedor de los hombres las sabe hacer vibrar todas, como un buen músico.**
**Charles Dickens**

* el matrimonio como fuente de presión
* ¿qué puede salir de una naranja?
* ¿qué hay dentro de ti?
* definiendo la fe
* fe en acción

* la fe como un acto de la vida cotidiana
* más que sentimientos
* el chispazo de la emoción

**"Por que cual es su pensamiento tal es el" Biblia de las Américas prov 23:6.**

## ¿SOMOS O NO SOMOS?

En la vida matrimonial no deberíamos vivir fluctuando, por eso es la reflexión, "somos o no somos", si no somos, tenemos que establecer como prioridad, aprender a ser.

Es probable que nos corran de una empresa por no haber llevado a cabo el protocolo necesario para operar equipos costosos, en la familia no seremos despedidos, pero pocas ganas van a tener de vernos regresar, durante la tarde, simplemente, no seremos bien recibidos, o tendremos una familia, desconectada emocionalmente, además del costo por el deficiente entrenamiento, que nuestra desatención, genere en la psique de los hijos.

En la familia No hay maquinas costosas, pero si hay instrumentos finos e insustituibles, el corazón de hijos heridos, o una esposa resentida emocionalmente y espiritualmente, y no existe psicotrópico, ansiolítico o sesiones terapéuticas que le sanen, hay una cita que dice: **"aquellos que se niegan a proveer cuidado a los familiares, especialmente a los de su propia casa, han negado la fe verdadera, y son peores que los incrédulos". 1/a Tim. 5:8, Nueva Traducción Viviente.**

Creo que el mejor sitio para tratar de establecer relaciones armónicas y de respeto, no es solo en el trabajo, sino principalmente en casa;

lo contrario lo retrata este dicho "Farol de la calle, y oscuridad de su casa".

Creo que nos conviene, y le conviene a nuestra relación matrimonial, e impactara de manera directa en calidad y seguridad a nuestra esposa y a nuestros hijos.

## EL MATRIMONIO COMO FUENTE DE PRESIÓN

**La mujer llora antes del matrimonio, el hombre después.**
**Proverbio polaco**

No quiero sonar pesimista, con todo lo hermoso que una relación de matrimonio nos ofrece, tiene también sus bemoles, y créame, sé que mi mejor estado es estar casado, pero, creo que muchos de los que tienen por lo menos un años de casados, saben de que estoy hablando, en una relación de pareja, hay infinidad de motivos para generar presión. Pero creo profundamente que el estado matrimonial, como lo expuse anteriormente, puede sacar de nosotros lo mejor, y también lo peor.

Si pudiésemos hablar de factores y circunstancias o cuestiones hormonales, mencionare algunas.

No generalizo, pero la mayoría de las damas son temerosas o precavidas, quizá a algunas les gustara acampar, pero si se lo propones todos los fines de semana, dudo que a tu esposa la tengas contenta; en "matrimonios de impacto", hemos llevado a cabo 13 retiros matrimoniales, uno por año, con un promedio de asistencia de 90 a 100 matrimonios, por alguna causa, quisimos hacer una variación de la rutina, e implementamos un retiro campirano, ¿sabe que promedio de matrimonios asistieron?, escasamente 30 matrimonios, ¿sabes cuál fue el comentario de las damas?, ¿pero por qué no lo hacen en el hotel?; si tú eres como yo, aun a mis 60, me encanta ir a la montaña, a pescar, a caminar, si tú y yo miramos una serpiente, vamos tras ella, tu esposa estará aterrorizada, a menos que sea veterinaria, nosotros somos más rústicos, ellas son más delicadas. Hormonalmente ellas son más sensibles, que tú y que yo, son más friolentas, su piel es más delicada.

Esas diferencias, van a generar fricción mas de alguna ves, para ejemplificarte, a mi me encanta dormir con la ventana abierta de par en par todas las noches, mi esposa se tiene que colocar 3 cobertores, unos calcetines gruesos, y una bata gruesa, esto nos generaba incomodidad, porque yo quería que ella luciera y estuviera a mi lado con escasa ropa, y ella se negaba, por que el frio la incomodaba, Para mi es un placer dormir totalmente desnudo, de manera que tuvimos que negociar, ella vestida a mi gusto, pedía un calentador, que cerrara la ventana, y que le dejara agarrar un poco de calor bajo los cobertores, a los pocos minutos, ella estaba contenta, y se acababa la discusión y empezaba un gran tiempo para ambos, esto no ha cambiado con el paso de los años, por eso es importante que establezcamos acuerdos, para una convivencia equilibrada, ni ganas tu, ni pierde ella, gana nuestra relación, que es lo más importante.

Cuando algún matrimonio se divorcia por incompatibilidad de caracteres, se me hace tan infantil, que dos adultos, que han vivido una pila de años juntos, pongan ese pretexto para separarse, ¡¡¡por DIOS, somos totalmente incompatibles!!!. Y psicológicamente ¡eso fue lo que nos atrajo!.

Aunque no tengo una encuesta bien clarificada, me atrevo a afirmar, con los datos que recabamos de los retiros matrimoniales, que tuvimos un buen muestreo para estudio longitudinal, ¡fueron 13 años de experiencia empírica!

## ¿QUÉ PUEDE SALIR DE UNA NARANJA?

Un conferencista expuso una breve reflexión metaforizando acerca del trabajar bajo presión, utilizando una naranja, pregunto a una brillante estudiante de la primera fila del auditorio, ¡si yo exprimiera esta naranja tan fuerte como pueda! ¿qué podría salir?, ella respondió: jugo por supuesto, el conferencista afirmó, ¿crees que saldría jugo de manzana? Por supuesto que no, volvió a preguntarle, ¿por que cuando exprimo la naranja, sale jugo de naranja?, ella volvió a responder, bueno es una naranja, y eso es lo que hay dentro, después hizo otra pregunta, supongamos que esa no es una naranja, sino que eres tú y alguien te aprieta, pone presión sobre ti, y te dice que algo que a ti no te gusta; te ofende, y ya incomoda sale la ira, odio, amargura, miedo, ¿por qué sale esto?, la respuesta que dio la joven fue: POR QUE ESO LO QUE HAY ADENTRO.

## ¿QUÉ HAY DENTRO DE TI?

En la relación matrimonial bajo la presión financiera, puede salir el jugo de tu mezquinidad o avaricia, probablemente algún desajuste en tus centros de placer, por una vida egoísta que genere desacuerdos en la intimidad, y solo te importe alcanzar el climax sin importar si tu pareja lo disfruto; y esto haga que ella, alargue la frecuencia de los encuentros de intimidad; otros factores como: educación de los hijos, crianza de los mismos, desacuerdo en los estilos de fe, aseo personal, visitas a la familia quien administra las finanzas, elección donde vivir, donde comer, aun quedan mil etc. Ud agréguele. Solo mencione algunas situaciones que hacen que el botón se accione, pero si ud ya tiene por lo menos un par de meses en su relación de pareja, aun con ese breve tiempo, ya comprobó lo anteriormente expuesto.

Aquí es donde va a salir, lo que llevamos dentro, Jesus lo explico de la siguiente manera: una persona buena produce buenas cosas del tesoro de *su buen corazón, y una persona mala, produce cosas malas, del tesoro de su mal corazón, porque lo que uno dice, brota de lo que hay en el corazón. Biblia nueva traducción viviente, Lucas 6:45.*

### Definiendo la fe

La palabra fe proviene del término latino, fides, y permite nombrar a aquello en lo que cree una persona o comunidad, hace también referencia a una sensación de certeza, y al concepto positivo que se tiene de un individuo, o de alguna cosa, también podemos afirmar que fe involucra moral, razón y sentimientos; (autores Julian Porto, y Maria Merino. publicado 2008, actualizado 2012.)

La definición que se me hace más interesante es la que da, el manual del fabricante, la biblia:

> **"Fe es la confianza de que en verdad sucederá lo que esperamos; es lo que nos da la certeza de la cosas que no podemos ver." La biblia nueva traducción viviente. Hebreos 11:1.**

## FE EN ACCIÓN: LA FE COMO UN ACTO DE LA VIDA COTIDIANA

En nuestro diario vivir, necesitamos fe, para miles de cosas que desarrollamos consciente o inconscientemente, por ejemplo, necesitamos fe para creer, que nos casamos con una persona que damos por hecho(ignorantemente y sin pleno conocimiento de causa) que nos va a querer el resto de nuestra vida, necesitamos fe para creer, que tendremos vida para un mañana mejor, necesitamos fe para creer que nuestros hijos van a vivir suficiente tiempo, necesitamos fe para cruzar una calle, y creer que un simple aparato que emite luz roja verde y amarilla, hará detenerse un vehículo de 3 toneladas, necesitamos fe, para creer los votos que nos prometimos al unirnos a nuestra pareja, de verdad los llevaremos a cabo.

**En suma el matrimonio es un verdadero acto de fe**, porque necesitamos creer que nos dará satisfacción por un buen número de años.

## MAS QUE SENTIMIENTOS

Aunque nos casamos motivados por sentimientos y deseos, esos ingredientes no son suficientes, ni los que le darán sustento a la vida de relación, de dos individuos, algunas veces cuando trato con un matrimonio que está en crisis, y ella está recién embarazada, cuando les pregunto, cual es el motivo principal que les une, el señala el vientre de ella, y ella afirma lo mismo con su mirada; somos ilusos, no es la novedad de traer un hijo al mundo, lo que nos va a unir, mucho menos a la función de ser padres, necesitamos más que un embarazo, y más que sentimientos y buenos deseos.

Necesitamos una estructura emocional, espiritual y una disposición anímica psicológica fuerte y atrevida para llevar a cabo esa empresa tan común, pero tan compleja; y una decisión voluntaria, para no dar marcha atrás, a lo que alguna ocasión con aparente y clara conciencia decidimos.

## EL CHISPAZO DE LA EMOCIÓN

Creo personalmente y cito con frecuencia esta reflexión, el acumulador en el vehículo, no es el que hace que este camine, solo dio el chispazo inicial, la marcha es desarrollada mayormente por el sistema mecánico.

El chispazo de emoción que te hizo saltar al conocer a tu cónyuge, fue la función del acumulador emocional, pero el sostener tu matrimonio trabajando, es cuestión de trabajo y sudor.

No estoy afirmando con esto, que una vez casados, se aniquilan las emociones, forman parte de nuestra vida diaria en la relación, pero no son el ingrediente que da sustento a una vida matrimonial funcional y equilibrada.

# CAPÍTULO VI

## UN MATRIMONIO EN EL PANTANO...
## ATRAPADOS EN EL FANGO... Y SIN AYUDA

**El matrimonio es como una barca que lleva dos personas por un mar tormentoso; si uno de los dos hace algún movimiento brusco, la barca se hunde.**
**Leon Tolstoi**

En una mañana de verano, mi esposa y yo recién casados, vivíamos cercanos a la playa del mar de Cortez, en Ensenada, teníamos la rutina de ir a correr cada día, a veces en las mañanas a veces en las tardes, en una de esas ocasiones, al ir trotando por la playa, atravesamos por un área, donde una empresa empacadora de atún, descargaba residuos de aceite vegetal, por alguna razón ese día íbamos molestos y discutiendo, cuando de pronto quedamos atrapados en una especie de pantano de aceite, y no podíamos salir, ni retroceder, y el lodo de arena de playa, nos llegaba a las rodillas, cada movimiento que intentábamos hacer, nos hundía mas, así que nos quedamos quietos por unos minutos, yo hice una valoración, buscando algo o alguien que nos pudiera ayudar a salir, pero por ser playas vírgenes, era raro que pasaran personas; del enojo pasamos a la preocupación, y a buscar la manera de salir del problema, después de un buen rato, se me ocurrió una idea, y era levantar en peso a Laura, que pesaba aprox 45 kgs. Y lanzarle 2 metros enfrente, que era la zona más cercana de tierra firme, al levantarla ocasionaría, que yo me hundiera mas, y que ella no pudiera ayudarme a salir, por mi peso, cuando le propuse el plan, ella temblorosa acepto, y si, efectivamente al estarla levantando en peso del lodo, me hundí mas, pero logré sacarla, y lanzarla, le di indicaciones, orientándole para que hiciera una excavación en donde iba a colocar sus pies, para que yo no la arrastrara, de nuevo, y me logro sacar, este episodio de terror se volvió de risa, y nuevamente empezamos a caminar contentos y riéndonos de nuestra aventura.

Le presento lo que ella y yo tomamos como una gran lección, de ahí sacamos ,varias claves, a continuación se las enumerare

## EL MATRIMONIO ES EL TALLER VIVENCIAL QUE NOS ENSEÑA A ESTABLECER RELACIONES SIGNIFICATIVAS, DURADERAS Y DE PROFUNDIDAD

No hay que elegir por esposa sino a la mujer que uno elegiría por amigo, si fuera hombre.

Joseph Joubert

El matrimonio es una relación para aprender a echar raíces, que afianzaran nuestra relación, porque con mucha frecuencia nos encontraremos en los "pantanos" del matrimonio, que nunca habíamos previsto, esa mañana en el pantano, Laura se bloqueo, y estaba más atemorizada, que buscando una solución, yo también lo estaba, pero trate de enfocar mas mi atención en buscar los recursos que nos auxiliaran para salir. Es vital usar inteligencia emocional para poder enfocar con la mente fría, cuando alguna crisis nos molesta.

En medio del conflicto necesitamos identificar, cual es el problema, en lugar de buscar ganar, para hundir mas de lo que ya está hundido mi cónyuge y yo.

También es importante que uno de los dos, decida actuar con cordura, en medio de la crisis; si los dos nos dejamos airar, caeremos en el pantano de la ceguera, y perderemos la visión como matrimonio.

## PANTANOS NOCTURNOS

Creo que hubiese sido más atemorizante, que este accidente nos hubiese ocurrido de noche; nunca será lo mismo tener una luz de esperanza, en medio de un conflicto, que cuando todo a tu alrededor es una visión de fondo de túnel, aun así, las crisis son imprevistas de manera que necesitamos estar preparados, para lo que venga.

La juventud puede ser un buen recurso usado con equilibrio, la madurez es necesaria, aunque no seamos de edad avanzada, hay que buscarla.

No es lo mismo enfrentar una crisis después de 20 años de casado, que cuando tenemos 20 años de edad.

Los pantanos nocturnos, nos impiden ver todos los peligros reales y potenciales, no dudes en buscar dirección, cuando todo parezca mas oscuro, no te desesperes, ni te des por vencido. Dicen los que son muy madrugadores, que hay un punto en que cuando la oscuridad es más densa, el sol está por salir.

Puede existir una alternativa muy cercana a ti, no la dejes escapar por prejuicios, por orgullo, o por qué crees que no te ayudara, prueba antes de desistir.

## ESO NO ES VIDA

Alguna ocasión después de 5 años de matrimonio, Laura y yo, asistimos a un retiro de matrimonios, éramos aproximadamente 100 matrimonios, recuerdo que se daban breves conferencias y dinámicas, y al termino de cada actividad, pasábamos al comedor; haciendo fila por varios minutos, enfrente de nosotros, estaba formado un matrimonio, andarían bordeando los 60/s, se veían tan bien, que hice un comentario a mi mujer, cuando tu y yo tengamos la edad de ellos, así nos miraremos; el día domingo al estar cerrando el evento, y estando todos los matrimonios en el patio, los organizadores quisieron que diésemos un breve testimonial, de la experiencia vivida en el retiro durante esos tres días, los primeros que pasaron fue esa pareja madura, con 37 años de casados, cuando la hermosa señora inicio a relatar, que después de haber terminado su labor como padres, ya no tenían nada en común que les uniera, y habían decidido poner fin a su relación matrimonial, asistiendo al retiro como una manera de cerrar y decir, **¡¡hicimos todo¡¡** ,pues sentían que el amor entre ellos se había terminado, esto lo hacían tomados de la mano, y con lagrimas en sus ojos, él con voz entrecortada afirmó, fue lo mejor que nos pudo haber pasado, asistir a este retiro de matrimonios. Hoy terminamos este evento con una perspectiva de luchar y cerrar nuestro ciclo de manera diferente; hay un dicho mexicano que dice, " caras vemos, corazones no sabemos", no te vayas con la cara linda de la gente, y de que todos los matrimonios están bien, la mayoría de las veces, se encuentran juntos por la costumbre, pero sin amor, por los hijos, por el qué dirán; pero la ilusión de vivir y cerrar un ciclo tan importante, es algo que cada matrimonio necesita recuperar, este relato te debe mostrar lo que a mí me enseño. Su vida era de apariencias. **¡¡ eso no es vida¡¡**. Si te han dicho que no se puede, te mostré que una pareja, que ya no tenía que les uniera, recuperaron el amor, la ilusión de permanecer juntos, pero sobre todo la dignidad y el honor de cerrar su ciclo airosamente. Y con la frente en alto, poder decir a toda tu familia **¡TODO SE PUEDE!**, nosotros pudimos.

Cuando ocasionalmente recuerdo ese evento ocurrido 37 años atrás, considero que Laura y yo hemos recibido los mejores enseñanzas vivenciales, que con el paso de los años, las hemos hecho baluarte, y este es le mejor legado que aspiramos heredar a nuestros hijos; seria deshonesto si te dijera que todo ha sido miel sobre hojuelas, ¡¡¡ no ¡¡¡, también a pesar de nuestra formación, de nuestras experiencias, de que somos entrenadores de matrimonios, de que encabezamos un grupo de matrimonios, las tormentas siguen amenazando cada día nuestro matrimonio, pero hemos decidido desafiar las tormentas, y caminar tomados de la mano, teniendo en medio de nosotros al mejor referi, al Señor Jesucristo, si el venció lo que era imposible vencer, la muerte, lo nuestro es juego de niños. El puede resucitar nuestro matrimonio, aunque esté bien frio o ya muerto, una amiga en común nos comentó, nuestro matrimonio ya estaba muerto, solo faltaba que se nos diera el certificado de defunción.

Creo que un retiro matrimonial, puede darte lo que quizá 3 o 4 consultas al terapeuta no te den, por una sencilla razón, el terapeuta te tratara, una hora, en el retiro, convives con tu pareja sin interrupción durante 60 horas, te expones a temas relacionados con diversas situaciones vividas en la relación de pareja, y sales de la rutina, te recomiendo un retiro, si tienes la oportunidad, dale a tu pareja un descanso de su rutina, y tu saldrás muy beneficiado.

## PANTANOS DIFÍCILES DE ENFRENTAR, PERO NO IMPOSIBLES

### *El pantano de la infidelidad

Hasta octubre del 2014, un portal de citas Ashley Madison.com, revela que: el 44 por ciento de las mujeres mexicanas, usuarias de redes sociales creadas para tener citas, sostienen relaciones fuera del matrimonio, lo que ubica a Mexico como el país con la tasa más alta de mujeres infieles, esta encuesta fue realizada por la pagina web, en un sondeo con 36 países; tres años después, yo considero que casi la tasa se ha incrementado,

- En medio de las crisis de un matrimonio, el hombre o la mujer, tratan de buscar alternativas de pasarla bien, y esto significa, que empiezan a buscar consuelo con otra pareja usando este dicho: "Un clavo saca otro clavo" y los sitios más usuales son: la oficina, el taller, y en cualquier área de trabajo, es ahí donde es posible que uno de los cónyuges se enfrasque en una relación con otra persona; lo paradójico es que esto no empieza con un acto evidente de engaños, créame, en crisis "buscamos ayuda", en el lugar equivocado, y creo que la persona que escucha, nuestras quejas, puede ser bien intencionada, y no tiene la tiene la intención de involucrarse emocionalmente; no quiero culpar a las mujeres, con lo que voy a mencionar, pero generalmente a la mujer se le da con facilidad el escuchar, más que a los hombres, una relación de infidelidad generalmente inicia de esa manera, las mujeres con frecuencia, gustan de ayudar a otros, y los hombres acostumbramos a contar nuestra crisis a mujeres; una relación que se ha empantanado, en la que en apariencia se ha acabado el amor; necesitan pronto primeros auxilios psicológicos. ¿Por qué menciono? "que un clavo no saca a otro clavo", por la misma razón que un herido, o débil, no puede ayudar a otro débil, recordemos que hay una herida emocional, y estas no pueden ser sanadas de la noche a la mañana; para establecer nuevamente otra relación de forma inmediata. Generalmente en esta situación, uno de los 2 no quiere romper la relación; ese es el cónyuge con el que se debe iniciar la restauración de la relación; aun que el otro este renuente, si el que busca ayuda, es paciente, la relación matrimonial puede ser salvada. No es un proceso que se haga de la noche a la mañana, pero, he comprobado en mi práctica privada, que es posible; generalmente cuando un matrimonio sale de ese bache, queda muy fortalecido, y empiezan a desarrollar aun más.

Infinidad de matrimonios, hemos mirado levantarse del suelo de la derrota, como matrimonios exitosos; pero durante el proceso de la restauración, trabajamos, el concientizarles, que las condiciones detonantes no fueron solo los conflictos que se generaron en la relación, los problemas, ya cada quien los traía, pero la "mochila", del uno, era desconocida para el otro, de tal manera que la suma de las 2 mochilas, más los que entre los 2 generaron en la relación, provoco el estallido del conflicto.

# PANTANOS DIFÍCILES DE DETECTAR

## El pantano de la rutina

Este tipo de pantanos son tan poco perceptibles, que la rutina nos va envolviendo, el diario ir y venir nos esclaviza, las exigencias del trabajo, los estándares que actualmente las grandes empresas ponen en sus estrictos controles de calidad, nos lleva a vivir más para laborar, que para vivir en casa, y esto nos lleva a que perdemos la visión, y dejamos lo prioritario por lo importante, nuestras esposas se involucran en las tareas de los niños, y empiezan a considerar como mas importante su función de madre, y ambos empezamos a perder el rol que nos llevo a ser pareja, y si los dos trabajan esto podría estar deteriorando mas la relacion, perdiendo con esto verdor y frescura. Sería irresponsable si le dijera que abandone su fuente de ingresos, pero si le sugiero que establezca prioridades.

Es importante que establezcamos rutinas, que nos brinden tiempo para estar a solas, alguna pareja de amigos me compartió que ellos se levantaban a las 3 de la mañana, y se metían a su carro a dialogar, hasta que el alba anunciaba su arribo, otros lo hacen de noche, lo importante es que ud busque y adecue su vida, acorde los gustos y necesidades de ambos, si ud no dispone de carro, pues salgase a caminar, alrededor de la cuadra, pero rompa la monotonía. Si no tiene muchas finanzas, no las necesita, salgase a tomar un café, o un raspado con su pareja; por los 90/s cuando Laura y yo, iniciamos a romper rutinas, recuerdo que nos fuimos a una pista para patinar (yo no patinaba) pero cuando ella era joven, era su pasión, así que yo le miraba patinar, y ella lo disfrutaba, otras veces de improviso, nos íbamos y escogíamos al azhar, una película, al paso de las semanas se nos fueron "pegando" matrimonios más jóvenes que nosotros, fue así como nació nuestro grupo de **matrimonios de impacto**, nos divertíamos, y además las experiencias que compartíamos en forma casual, nos retroalimentaba a cada uno.

# CAPÍTULO VII

## PELIGRO, CONDUCTORES SIN FRENOS

Antes de poner en duda el buen juicio de tu mujer, fíjate con quien se ha casado ella.
Proverbio egipcio

**Biblia nueva traducción viviente, Santiago 3:8. La lengua es una llama de fuego, es un mundo entero de maldad que corrompe todo el cuerpo, puede incendir toda la vida, por que el infierno mismo la enciende.**

Así como es necesario aprender a manejar en reversa, para poder accionar nuestro vehículo cuando sea necesario, metaforizando este tema, tenemos que aprender a frenar nuestra lengua (darle reversa, pedir perdón, disculpas etc.). Habrá mañanas lindas en la relación, donde el sol, está en todo su esplendor, y nos preparamos para tener un bonito día; pero también los días con sol, pueden tener sus sorpresas.

Una bonita mañana Laura y yo nos enfilamos hacia una zona conocida como "la Bufadora", localizada en península de Punta banda, hacia el sur de Ensenada, donde se desarrolla un fenómeno ocasionado en un hueco hecho por el mar en la orilla de una montaña-isla que genera una lluvia de agua la cual se eleva hasta 15 o 20 metros de altura, es todo un espectáculo; ya de regreso, relajados contentos y platicando, lo ocurrido, al regresar a casa, nos percatamos que de pronto a medio kilometro, venían frente a nosotros, 2 remolques de tráiler, ocupando los 2 pequeños carriles de carretera, y a toda velocidad, nunca en mi vida había yo recorrido medio kilómetro de reversa y a toda velocidad, como lo hice esa mañana; en la relación de matrimonio, con mucha frecuencia ocurren eventos parecidos a esto, pueden empañar una buena mañana, afortunadamente no ocurrió ningún accidente, salimos bien librados, Laura y yo; el matrimonio enfrenta dolorosas palabras (como las 2 cabezas de tráiler) ofensivas, y amenazantes, ud quizá no se puede explicar como de la boquita tan hermosa de su esposa, pueden salir tales vocablos, yo creo tener una idea, como la mujer no se puede defender muscularmente, de un tipo que le saca 30 centímetros, de alguna manera buscara desquitar su coraje; es entonces cuando usa un pequeño musculo muy fuerte contra él, la lengua; es muy importante que ud hombre, use la reversa, y pida perdón, y si cometió algún agravio a su compañera, de reversa a lo expuesto, o no solo ud, "pagará" las consecuencias sino su matrimonio y sus hijos, vivirán un atropello familiar, emocional, verbal, y catastrófico.

# REDES DE APOYO INCONDICIONAL

Sin proponérnoslo Laura y yo, habíamos creado una red de apoyo matrimonial, y fueron sumándose a esta hermosa aventura, muchos matrimonios en crisis diversas, y cada uno cuando nos reuníamos en la casa de alguno, pasábamos veladas, o nos tomábamos una mini vacaciones, de 3 días, en la playa, esas acciones nos empezaron a unir, y nació una grandiosa fraternidad entre nosotros, y las situaciones de conflicto que alguna de las parejas estaba atravesado, era cuidada y asesorada por una pareja, para que les fuera apoyando en su crisis. Pero el matrimonio que vivía la crisis, no era segregado, si no cobijado bajo el cuidado de todos nosotros.

# PRINCIPIO DE CONFIDENCIALIDAD EN "FAMILIA"

le puse entrecomillada la palabra familia, porque tenemos un dicho mexicano que dice que: "la ropa sucia se lava en casa"; así que este lema lo aplicábamos en nuestros matrimonios amigos(familia) en crisis, aunque ningún lazo sanguíneo nos hermanaba, si nos sentíamos como una gran familia, y hasta la fecha, lo seguimos experimentando así después de 26 años.

ESTE PRINCIPIO LO APLICÁBAMOS POR QUE INICIARON A ACERCARSE A NOSOTROS MATRIMONIOS DIVERSOS, EN EDAD Y EN IDIOSINCRASIA, NO HABÍA EXPERTOS, SINO UNA GRAN FAMILIA, PREOCUPÁNDOSE EL UNO POR EL OTRO. NUESTRA UNIDAD Y FRATERNIDAD, LES LLAMABA LA ATENCIÓN, AL PRINCIPIO SE INTEGRABAN TÍMIDAMENTE, PERO POSTERIORMENTE, YA ERAN PARTICIPANTES ACTIVOS, HASTA QUE LLEGABA EL MOMENTO EN QUE, ALGUNO DE ELLOS, NOS AGRADECÍA EMOCIONADO, Y NOS DECÍAN QUE HABÍAN RECUPERADO LA FRESCURA Y LA EMOCIÓN DE SE VOLVERSE A TOMAR DE LA MANO, Y EL SENTIDO

**DE SU RELACIÓN DE PAREJA.** Un matrimonio de 22 años de edad, **nos dijo a Laura y a mí, hace 4 años, que no nos tomábamos de la mano. Eso fue refrescante.**

Aun que **todos los matrimonios del grupo** sabíamos por el problema que estaban atravesando (en nuestra reunión informal, no era motivo de conversación) una crisis, los integrábamos con todos los matrimonios, "no los aislábamos", ni les señalábamos. Sabíamos que estaban bajo tutoría de algún matrimonio, ese accionar, a los ojos del grupo era meritorio, y para la pareja, reconfortante. Nuestro silencio acerca de su necesidad, les hacía ver, que alguna vez, mas de alguno de nosotros, también se había integrado, recientemente o tiempo atrás, con una conflictiva por resolver, quizá diferente, pero al fin y al cabo crisis es crisis; de tal manera que "no había quien lanzara la primera piedra contra ellos".

## UNA PERSPECTIVA SALUDABLE

Buscar ayuda es necesario, pero observe bien ¡donde lo hace!

- Encontraremos en nuestro caminar, muchos pantanos que no lograremos anticipar como pareja, como Laura y yo no lo percibimos, en nuestro caso fue, que íbamos enojados y discutiendo. Bajo la emoción del enojo, o de la tristeza, nuestras cogniciones no trabajan adecuadamente; hay trampas muy sutiles por las que una relación de pareja atraviesa, por ejemplo, podemos caer en la trampa de querer compartir nuestro problema con alguna compañera de trabajo, y podemos generar una situación de transferencia, en el cual nuestra oyente, nos quiera ayudar, y nosotros miremos en ella (si es el hombre) alguien que "me entiende", y podamos seducir o ser seducidos, esto nos llevara a crear otro problema. Por eso en los párrafos anteriores he sugerido, buscar asesoría, con alguien que tenga la madurez, experiencia, profesionalismo, y capacidad para escucharnos equilibradamente; por mi formación espiritual, he tenido la experiencia de entrenar matrimonios, para la asesoría matrimonial, y he descubierto que matrimonios que salieron de una crisis, logran otorgar empatía y un buen consejo; no me malentienda, creo que un buen profesional de la psicología, nos puede brindar ayuda, pero si ese profesional, tiene un conocimiento del trasfondo espiritual humano, será más aun de gran ayuda.

El manual del fabricante dice que: "una cuerda triple, no se rompe fácilmente, cuando incluimos a Dios en nuestra relación, no de manera religiosa solamente, sino de manera aterrizada, (en hechos y no solo de palabra) él se convierte en el tercer cordón en medio de nuestro matrimonio, y nos puede ayudar a resistir, para lograr salir del abismo de la rutina, del foso de la desesperación, del pantano de nuestros enredos, de los enojos sin fundamento valedero, y darnos la madurez para comprender que malgastamos nuestro tiempo de manera tonta y torpe. Quizá esa mañana Laura podría haber dicho te voy a dejar ahí, y hazle como puedas, gracias a Dios que no lo hizo. Aun en una situación de crisis, el uno puede ser de gran ayuda para el otro, Laura a pesar de ser más frágil, y en su estructura óseo-muscular, más pequeña, me logro sacar del pantano.

## LEVANTANDO AL CAÍDO

### Mi compañero (a)

El matrimonio es una relación donde nos ejercitamos y capacitamos para aprender como levantar, arrastrar, y restituir al que cae. Esto lo tenemos que practicar entre nosotros, como pareja, tú no puedes pretender ayudar a otros, si tu casa, está casi consumida.

Los cuerpos de bomberos tienen un entrenamiento para sacar con técnica especializada, a personas que están en peligro por el fuego; hay matrimonios que han estado quemándose sus ilusiones, y aun después de que el fuego se apago, ya no habrá mucho que rescatar. Para salvar a estos matrimonios, hay que ser atrevidos y valientes, pero sobre todo, si recordarnos que alguna vez alguien nos ayudo a salir de un incendio que casi consumía nuestros sueños, nuestras metas, y toda nuestra familia; no lo pensaremos 2 veces. los cuerpos de ejércitos, los organismos de rescate, las escuelas del área de la salud, y los servicios hospitalarios, saben y tienen dentro de sus prácticas rutinarias, técnicas para levantar, arrastrar, cargar y rescatar a una persona lesionada, de algún segmento corporal… y quien dice que el matrimonio no necesita de estas enseñanzas… claro que las necesita, y con extrema urgencia.

Pero todos estos especialistas en rescate, comparten algo en común, antes tuvieron que aprender, y buscaron entrenarse, una manera de entrenarnos, es asociándonos a los matrimonios que estén luchando, ellos nos darán buenas herramientas. Si ud asiste a una iglesia, trate de identificar a los matrimonios fuertes, y acérquese a ellos, junto con su esposa, quizá al principio, le cueste trabajo, porque a nadie le gusta, admitir que la relación está en crisis.

El matrimonio es no solo un vinculo de intimidad emocional, sexual y legal, también es un trabajo con 3 grandes dimensiones; "D", desgastante, difícil, y desafiante, de manera que, "mas valen dos que uno solo, pues tienen mejor remuneración de su trabajo; porque si uno cae, el otro puede darle la mano y ayudarle; pues las caídas son muy frecuentes en la relación matrimonial, y necesitamos estar prestos para levantar al otro cuando este ha caído, por que puede ocurrir que mañana nos toque a nosotros caer. Biblia Nueva Traducción Viviente, Eclesiastés 4:9.

# CAPÍTULO VIII

## EL MATRIMONIO ES EL SITIO IDÓNEO PARA APRENDER A DESPOJARNOS DEL EQUIPAJE FAMILIAR, O MOCHILA QUE LA FAMILIA DE ORIGEN NOS CARGO, MAS LO QUE NOSOTROS CREAMOS

Hay maridos tan injustos que exigen de sus mujeres una fidelidad que ellos mismos violan, se parecen a los generales que huyen cobardemente del enemigo, quienes sin embargo, quieren que sus soldados sostengan el puesto con valor.
Plutarco ( 50- 125) escritor griego

# DEJARÁ, DECISIÓN COMPLEJA

En una relación inicial de pareja necesitamos grabar en nuestra mente el vocablo **DEJARÁ** a... es necesario que establezcamos relaciones diferentes con personas ajenas a nuestro nido, y a nuestro círculo de amigos; a menos que tengamos los mismos amigos en común; no quiere decir que moriremos para ellos. Iniciaremos ese "taller", de cambio conductual, con las respectivas familias colaterales; es prioritario aprender a ver a la familia de nuestro cónyuge, no como su familia, sino como nuestra familia, no esperando ser bienvenidos, para que nuestras expectativas sean saludables, eso nos dará equilibrio, pues nunca los intrusos, son bienvenidos, eso es lo que seremos para la familia de nuestro cónyuge, este proceso de adaptación, no es algo sencillo, pues cada familia tiene sus propios lineamientos, códigos y sistemas de comunicación; desprenderse de ese lastre para nuestra pareja, y para nosotros será un proceso difícil, progresivo y gradual.

# CAPÍTULO IX

## IDENTIDAD CORPORATIVA MATRIMONIAL

De la misma manera que una institución nos recuerda un concepto, nuestra relación de pareja, necesita desarrollar lo que he llamado "identidad corporativa matrimonial"; lo hagamos consciente o inconscientemente, ante los ojos de nuestras vecinos, nos atribuyen una marca personal, vgr. Nos aplican calificativos como: los peleoneros, los gritones, los acelerados, y mil y un apodo, que nuestras actitudes de pareja les muestran. Es aquí cuando iniciamos a crear nuestra **ICM**.

El despegue de una familia de esta estación tendrá que ver con el sentido de adaptación, amoldamiento, y desarrollo en lo psicológico, (objetividad para aceptar lo que la familia, los vecinos, o compañeros de trabajo señalan), y el paso siguiente será establecer las rutinas, propias de la nueva familia, para despegar a la siguiente estación. Este proceso puede madurar entre 5 a 10 años, ya las aguas turbulentas de la relación, han ido tomando su cauce, la presencia de los hijos, les ha quitado el brío sin control a ambos; e inicia un proceso de tranquilidad y aparente calma; también con cierta resistencia aprenderán a negociar las irregularidades en la relación; ya tomando conciencia de que no son tan maduros, pero tampoco pueden encajonarse entre los jóvenes inexpertos, y estarán asumiendo que necesitan brújula para su matrimonio, es probable que por los hijos (generalmente) no tanto por la relación entre ambos, admitan apoyo psicoterapéutico o consejería familiar; aquí es donde se fraguara un matrimonio con gran potencial y futuro, este proceso significará desarrollo, y se complementará con la honestidad de entender que necesitan crear un amor maduro, voluntario y responsable, no sustentado por elementos externos, sino para descubrir entre ambos las fortalezas y áreas por fortalecer, que se habían negado a admitir, favoreciendo en gran manera la relación.

Este proceso generalmente es de un lento pero firme avance, por los senderos de la real maduración, coincidirá con la adolescencia de los hijos, así podrán crear una red de apoyo a estos, y su alianza como pareja les llevara a buscar nuevas estrategias, para aprovechar mejor su tiempo.

# CAPÍTULO X

## CADA PAREJA VAMOS CREANDO AL IGUAL QUE UNA EMPRESA

### ELEMENTOS INTANGIBLES PERO VITALES EN LA RELACIÓN DE MATRIMONIO

Todo hombre sabio, ama a la esposa que ha elegido
Homero (VIII AC-VIII AC) poeta y rapsoda griego

*nuestro sueño
Emprendemos una visión

*alternativas de apoyo mutuo

# CADA PROYECTO DE MATRIMONIO COMPRENDE

- un sueño
- una misión
- una visión
- le atribuimos valores o antivalores

## - nuestro sueño

Aquí se termina la relación de noviazgo, para pasar a una etapa de responsabilidad, unidad, diaria convivencia y compromiso, es aquí donde se empieza a materializar nuestro proyecto; no quiero decir con esto que el romance se termino, pero necesitaremos aterrizar con seguridad, esta nueva etapa.

## - emprendemos una misión

Esto implica establecer líneas de acción, rumbo y dirección; un cuando y un por qué no funciona, ya estamos adentro, lo que sigue es: como la iniciamos, que necesitamos, con que contamos, a donde llegaremos, y el establecimiento de metas realistas, aquí se desvanece el sueño, y necesitaremos situarnos en el terreno de nuestra realidad.

## - la misión bien desarrollada nos ejercita y nos da herramientas, para seguir y no querer abortar la misión

¿Por qué puntualizo "bien desarrollada"?, porque la mayoría de los matrimonios que he tratado durante los últimos 25 años, cuando les pregunto, ¿qué es lo que han hecho para salir de su problema?, la respuesta muy común es ¡¡¡ya hicimos tooooodo!!! creer que hice, sin mostrar que di los pasos necesarios para llevar mi matrimonio al siguiente nivel, es un engaño. Pues este proceso no se da de la noche a la mañana, implica adaptarnos, admitir lo que no somos, aquí se acabaron las falsas expectativas y las apariencias; le voy a ilustrar esto; durante mi tiempo en las fuerzas armadas, cada 6 meses se nos llevaban a efectuar ejercicios tácticos en terreno agreste con un clima de 45 grados durante el verano, y 9 grados bajo cero en invierno, el sitio era en la sierra, la travesía era de caminar durante 3 días, descansando solo para comer, y dormir, nuestra misión era llegar al Observatorio Astronómico Nacional de San Pedro Martir de la sierra, durante esta travesía, participaba todo el cuerpo de militares, los que teníamos entre 17 y los que tenían 55 años, no había excepción, obviamente para cumplir con esa misión, de lunes a viernes, en las instalaciones militares se establecía una rutina de acondicionamiento físico de hora a hora y media; solo no participaban en esta rutina, algunos que estaban comisionados en diversas actividades; quien cree ud que eran los primeros en caer desmayados o deshidratados?, ¡¡los que estaban comisionados, los que nos se habían ejercitado!!; En la misión del matrimonio, los que van a llegar al final de la meta, **serán los que se han ejercitado**, no los marrulleros, no los que han rehuido su diaria disciplina, de aprender a caminar como pareja, como amigos como padres, tanto en las circunstancias difíciles, como en las gratas. Me temo que hay muchos matrimonios deshidratados de amor, y desmayados que requieren no hospital, sino acta de defunción.

Caminar uniformado y hacer mis labores en el área donde tengo clima artificial, me da un espacio cómodo, mi ropa huele a loción, mi máxima exposición al sol, es de mi casa al vehículo, y del vehículo a mi centro de trabajo, es muy diferente, a caminar en la sierra. Caminar poniéndonos el uniforme de casados, pero sin compromiso formal, es muy cómodo, somos pseudo matrimonio, o matrimonio de apariencia, y esto además de ser no meritorio, saludable ni grato, es cansado, para ambos, y destructivo para nuestra tripulación (nuestros hijos).

## - vislumbramos una visión

Visión es lo que veíamos ( nuestra realidad virtual) cuando salíamos como amigos, lo que platicábamos, acerca de lo que haríamos, cuando estuviésemos juntos

## - le atribuimos valores y antivalores

**El entusiasmo nos hace soñar, y creemos que lo que pensamos, es lo mejor, desechamos el consejo, de los que nos llevan delantera, (experiencia), creamos nuestro propio código de valores y antivalores; que mas tarde o más temprano necesitaremos revisar, para hacer los ajustes convenientes.**

C O M P R O M I S O.

**C** ORAJE

**O** BVIAR QUE NO SOMOS PERFECTOS

**M** ANO A MANO

**P** ERDÓN INGREDIENTE VITAL

**R** ESTAURAR CUANDO DAÑAMOS

**O** BLIGARTE A AVANZAR

**M** ODIFICAR TUS ACTITUDES, NO LAS AJENAS

**I** NGENIO Y SABIDURÍA PARA TU PAREJA

**S** ACAR LO MEJOR DE MI

**O** RAR POR ELLA (EL)

# CAPÍTULO XI

## EL TIEMPO

El tiempo que compartamos de nuestra vida, redituara ganancia y reforzara nuestra relación; este es un proceso, que nos dará unidad como pareja, **NOS HARÁ UNO**, en la medida que lo miremos, como una prioridad en la relación, hay familias que son trabajólicas, en la que se habla de "tiempo de calidad", frase muy trillada en nuestro tiempo, pero no realista. Ya que no podremos establecer vínculos fuertes con las personas a las que no les dedicamos tiempo.

Es vital para nuestra relación de pareja, amerita que salgamos "sin hijos", que aprovechemos, que nuestros padres aman a sus nietos, que los tíos, extrañan y quieren a sus sobrinos (saque provecho a la familia). Esto es el oxigeno de la pareja, al mismo tiempo que nos despeja la idea de que solo somos padres.

**"Sabia virtud de conocer el tiempo".**

Existe un proverbio, que dice: "que hay un tiempo señalado para todo, y hay un tiempo para cada suceso bajo el cielo, tiempo de nacer, tiempo de morir; tiempo de plantar, y tiempo de arrancar lo plantado, tiempo de matar y tiempo de curar, tiempo de derribar y tiempo de edificar, tiempo de llorar y tiempo de reír, tiempo de lamentarse y tiempo de bailar, tiempo de lanzar piedras y tiempo de recoger piedras, tiempo de abrazar y tiempo de rechazar el abrazo, tiempo de buscar y tiempo de dar por perdido, tiempo de guardar y tiempo de desechar, tiempo de rasgar y tiempo de coser, tiempo de callar y tiempo de hablar; tiempo de hablar y tiempo de callar; tiempo de amar y tiempo de odiar, tiempo de guerra y tiempo de paz". Biblia Nueva Traducción Viviente, Eclesiastés 3:2-8.

## LOS TIEMPOS DE LA VIDA Y LAS PRIORIDADES

EL primer tiempo que necesitamos considerar es que hay un tiempo para ser hijos, y no es precisamente, cuando establecemos relaciones de pareja, ese tiempo es valioso, para que querramos desperdiciarlo queriendo ser hijos de mami; eventualmente ocurre que alguna esposa me dice que para ella es muy importante visitar a su mamá, y no es que sea malo, el problema es que este es su tiempo de ejercer como esposa; es pues necesario que establezcamos acuerdos para visitar a la familia respectiva, pero estas decisiones es importante establecerlas previo acuerdo entre los dos cónyuges y no en forma individual; excepcionalmente si la madre o el padre de alguno de los cónyuges se encuentra en alguna condición de salud, que requiera apoyo, o por viudez de alguien de la familia colateral; estableceremos estrategias de apoyo, que brinden ayuda familiar a quien la amerite.

## FINANZAS

**El uso inadecuado del poder financiero en la relación de pareja**

**El amor es física, el matrimonio química**
**Alejandro Dumas (hijo) 1824- 1895 escritor francés.**

Considero que uno de los factores que más problemas generan en la relación matrimonial, es lo relacionado con las finanzas, he encontrado en la consulta clínica que algunos hombres en su relación de pareja, asumen el papel del "papá", el que tiene que traer oficialmente la cartera, que controla el dinero.

En una situación particular la esposa profesionista de la salud (sin ejercer) y el dedicado al ramo del diseño, ella refería que cuando pasaba el carro de la nieve, los 3 hijas y ella, corrían para que "papá" les comprara la nieve; para ella, esta situación, ya era una costumbre establecida, hasta que llegaron a la consulta, y le explique al esposo, que ella necesitaba cierta libertad financiera, para poder no sentirse en una situación limite, ella vivía una posición sumisa, y además el usaba el dinero para manipularla, amenazarla y controlarla; era una relación francamente patológica. Desgraciadamente este matrimonio sucumbió, ya que el esposo renuncio a modificar su conducta psicológicamente enfermiza, del "papá controlador".

Imagina que Adán le hubiese dicho a Eva, que por derecho y prioridad de creación, todo el Eden era de él; creo que equilibradamente Dios atribuye a cada uno en la relación de pareja, diferentes habilidades, dones y talentos, de manera tal que nos complementemos, el uno con el otro.

Jesucristo hablo mas de finanzas que de cualquier otro tema, pero lo coloco en su respectiva posición; en mi juicio personal, considero que si dos personas se van a unir, bajo el régimen de bienes separados, no vale la pena unirse, porque estamos iniciando una relación divididos, y Jesus estableció que **"si dos de vosotros, se pusieran de acuerdo acerca de cualquier cosa que pidieren, les será hecha por mi padre que está en los cielos". Biblia de las Américas. Mateo 18:19.** Estar de acuerdo en casarse por bienes separados, no es de buen pronóstico.

## LA OTRA CARA DE LA MONEDA

Por otra parte también, nuestra vida de matrimonio novato, puede despertar consideración de parte de alguna de las familias de origen, y quizá desconozcamos que, ellos estén dispuestos a apoyarnos y tal vez hasta nos estamos acercando a uno o quizá varios socios voluntarios, en la familia de ambos; estos en la medida que observen nuestro manejo de la relación querrán ser aportadores, esto se lo afirmare con un pequeño relato, cuando mi esposa y yo teníamos 6 años de casados, decidimos iniciar a construir nuestra casa, y se nos agotaron las finanzas, por esos días a mi suegro se le ocurrió la bendita idea de heredar a sus hijos en vida, y... quien cree que fueron los primeros beneficiados, si adivino, Laura y yo, nos regalo una fuerte suma, para que termináramos nuestra casa, y, déjeme señalarle, nunca se lo pedimos, pero, ellos miraron el gran esfuerzo que como matrimonio, su hija y yo hacíamos, al estar buscando desarrollar en nuestro matrimonio buscando ayuda, y mi suegro quiso beneficiarnos. También referiré lo que en algún capitulo anterior le mencioné, que yo no miraba a la familia de mi esposa, "como su familia", sino como nuestra familia; quiero recordarle una ley que nunca falla: "Todo lo que el hombre siembre, eso también segara". Biblia de las Américas, Gálatas 6:7.

Creo que Laura y yo hemos sido un matrimonio, que cree que la ley de la siembre y la cosecha, es buena, no lo eche en saco roto, le animo a que ud mismo lo compruebe.

# CAPÍTULO XII

## OTROS FACTORES GENERADORES DE CONFLICTO

### LA IRONÍA DEL CASADO QUE SE SIENTE SOLTERO

> Cuando el amor ha sido una comedia, forzosamente el matrimonio tiene que derivar en drama.
> Alphonse de Lamartine (1779-1869) Historiador, político y poeta francés.

Con frecuencia he observado también que los hombres, creemos que la que se caso fue la mujer, y que nosotros podemos seguir por la vida, con los patrones de nuestra pasada soltería, saliendo con nuestros amigos solteros, sin nuestra pareja, esto genera mucho conflicto y deterioro en la relación de pareja; he aprendido por la observación, que a la mayoría de las mujeres el proceso de soltera a casada, es más eficaz, que en los hombres; aquí es donde los hombres necesitamos aplicar esta formula:

- aquí frente a ti esta tu mejor "amigo", tu mejor amiga, tu mejor confidente, irónicamente también le señalo, "tu mami", y le pregunto, si no querías dejar a "mami", ¿para qué te casaste?, ahora tu prioridad no es tu "mami", es esta chica, esta sera tu mami, y hasta tu mamacita.

La mayoría con cara de bobos, solo afirman, pero cuando se disponen a madurar, el matrimonio logra fructificar; con cierta pero escasa frecuencia la mujeres también caen en esta trampa, en mi experiencia con este tipo de relaciones, la mujer asume de manera más inmediata, los cambios pertinentes.

Otra frase muy trillada, pero muy desgastada, y que lleva a crisis la relación, es que "yo necesito mi espacio" mi tiempo, mi, mi, mi.

Yo les afirmo, tu espacio se acabo cuando decidiste unirte a esta muchacha,(o) y si querías tu espacio, ¿para qué te casaste?.

Creo que la sociedad desarrolla constructos sociales que son nocivos en la relación de matrimonio, ya que en lugar de fomentar una sana y saludable dependencia el uno del otro, dividen lo que podría ser una solida familia. Es necesario que aprendamos a defender nuestra relación matrimonial, principalmente de los "inventores del hilo negro del matrimonio".

# EL PROCESO DE CREAR VÍNCULOS DE CONFIANZA EN NUESTRA INTIMIDAD

Emocionalmente y físicamente también, estamos ligados a nuestra familia de origen, el proceso de desprendernos no es algo cómodo, y esto lo identificamos cuando iniciamos nuestra vida rutinaria de acostarnos, el simple acto de desnudarnos, es mayormente un evento sumamente bochornoso, particularmente para nuestras esposas; cuando estaban con su familia de origen, se desnudaban, de una manera discreta, pero no escondiéndose, como ahora cuando están con nosotros; y en este sencillo acto, observamos, que el crear una identidad corporativa matrimonial, es progresivo, llegara el momento tan sencillo de desnudarse, y esto se convertirá en una hermosa rutina, sencilla, común y corriente.

## EL REGALO DE LA INTIMIDAD

Estoy plenamente convencido aun a mis 60 años, que sentir la tibieza de mi mujer junto a mí, no hay placer humano que lo supere, creo que uno de los máximos regalos que Dios regalo a los seres humanos, es la sexualidad, donde no tienes que ocultar ni vivir de poses. Creo que ser transparentes no es una característica que se nos da de la noche a la mañana, este proceso se da con el día a día, al estar unidos, nuestra relación ira solidificando mas y mas, hasta ser como una sólida roca.

Creo que Adán a pesar de no haber tenido suegra, cuñados o familia colateral, comprendió bien la compleja naturaleza de la relación de pareja, cuando exclamo, la conocida frase: "Por tanto dejara el hombre a su padre y a su madre, para unirse a su mujer" (este "tanto", tradúzcalo, tanto problema, tantos compromisos, tanta diversidad en el pensamiento, como cuando ud y yo miramos a la que es nuestra esposa, estábamos convencidos de que nadie nos iba a separar, y este nadie, incluía lo que pensaran los padres de ambos, los amigos; afirman los teólogos que el patrón de mujer que era Eva, fue espectacular, imagine como cuando ud y yo, miramos el hermoso modelo que era nuestra mujer, (y lo sigue siendo) que no nos dejaba tener ojos para otra (lo digo por mi). Quisiera regresarle al bello momento, en que ud y su esposa, estuvieran juntos por primera vez, (no se para ud, para mi si) ha sido uno de los grandes regalos que Dios me concedió, cuando contempló el bello paisaje de la desnudez de su compañera, sin prenda alguna, creo que esa misma sensación percibió Adán, miro aquella hermosa mujer, y la emoción lo hizo exclamar asombrado, el entendió como llevar a cabo el acto de la intimidad, sin haber tenido (la tonta experiencia de la prueba previa del amor) que sería muy bobo que alguien le hiciera perder su tiempo, cuando tenía frente a él, todo Un portento de mujer; **Génesis 2:24 "Esto explica porque el hombre deja a su padre y a su madre, y se une a su esposa, y los dos se convierten en uno solo. Biblia nueva traducción viviente"**.

Ese dejara, engloba, dejar dependencia económica, familiar, en consejo etc. Esto traducido al lenguaje actual significa, cortar el cordón umbilical, de parte de ambos.

## CADA MATRIMONIO ES UNA SEMILLA CON GRAN POTENCIAL

Es importante que aprendamos a dejar atrás los patrones de nuestra familia de origen, porque estamos iniciando una nueva entidad como pareja, obvio es decir, que podemos incluir los buenos hábitos y patrones, pero el modelo no puede ser repetido, por que el proceso sociológico, espiritual, y el contexto social, que nuestros padres vivieron fue muy diferente, al que nosotros estaremos creando; hay una frase del Quijote, que queda muy bien, "nunca segundas partes fueron mejor".

Es muy curioso que en cada relación que se establece, repetimos frases como: "creemos que lo nuestro será algo grandioso", "no hay un amor como el nuestro", "nuestra relación será diferente", etc. Esto tiene que ver con algo escrito en la profundo del corazón del ser humano, y es que fuimos creados para trascender, con originalidad y novedad, recuerde ¡¡¡aguas viejas apestan!!!

**Dios puso eternidad en corazón del ser humano. Biblia nueva traducción viviente Ecl. 3:11.**

**Además si dos personas se acuestan juntas, pueden brindarse calor mutuamente, pero ¿como hace uno solo para entrar en calor?**

**Alguien que este solo, puede ser atacado y vencido, pero si son dos, se ponen de espalda con espalda, y vencen, (biblia nueva traducción viviente Eclesiastés 4:10).**

# CAPÍTULO XIII

## EL MATRIMONIO COMO UNA ENTIDAD QUE DA SALUD EMOCIONAL, ESPIRITUAL E INTIMIDAD

El amor es a menudo, fruto del matrimonio
Moliere ( 1622-1673) comediante francés

El matrimonio es un lugar paradisiaco, o puede convertirse de paradisiaco en un pantano, del cual queremos huir, pero no logramos salir, ambos estamos hundidos, y tenemos que tomar decisiones, sabias, inteligentes y de valor.

Estar casados lo comparo a vivir en una playa, mas aun como un oasis, donde puedes saciar tu sed de compañerismo, de soledad, de compañía grata, de intimidad, etc. caminar por la playa es agradable, relajante, y hasta saludable, vivir cerca del mar, es un privilegio, la mayoría de los matrimonios cuando recién iniciamos nuestra vida en pareja. no valoramos, que vivimos en un lugar paradisiaco, con una hermosa pareja, con vida, fuerzas y salud, además de un futuro por fabricar entre 2, es un equipo formidable, en el que tenemos la oportunidad de sumergirnos en las frescas aguas del amor, de la emoción de compartir nuestras vidas y sueños.

Hay estadísticas que hablan de que las parejas viven una media de tres años más que los que decidieron pasar sus vida solteros (universidad de Warnick, Inglaterra) estudio longitudinal realizado durante 20 años, a veinte mil hombres; también la Facultad de Medicina de la Universidad de Ohio, afirma que los casados experimentan menos estrés; y es que cuando el matrimonio es fuerte, el nivel de cortisol, es menor (web).

# CAPÍTULO XIV

## POR QUE LAS RELACIONES DE PAREJA EN SU PRINCIPIO, INICIAN CON GRANDES CRISIS

En el matrimonio es preciso contar con cualidades que resistan, que duren, y las grandes pasiones pasan pronto; al paso que una condición apacible en todos tiempos es buena.

Mariano de Jose de Larra (1809-1873) escritor español.

Por una sencilla razón, "por que somos 2 personas diferentes" y entramos en un proceso de adaptación el uno al otro, y es en ese proceso que se descubrirá, lo que yo llamo, el material de lo que estamos hechos, así como descubrir las estrategias o herramientas (que tenemos, o que carecemos) para lograr avanzar, y/o terminar fracasando, o buscando ayuda.

Ellas son más delicadas, más sensibles, su sistema hormonal es más complejo, ellas pueden experimentar 4 cambios hormonales en un día, ellas no son tan predecibles, a menos que ud sea lo que hoy se dice, un metrosexual, también competirá con ella en el guardaropa, (un solo hombre he conocido con esa característica).

- Súmele a esto que provenimos de hogares diferentes, costumbres diferentes, aun que seamos de la misma ciudad, tenemos hábitos diferentes, traemos una formación familiar diferente, traemos patrones familiares arraigados y aun reforzados por nuestra familia de origen .

## ALTERNATIVAS DE APOYO MUTUO

### COMO CONTRIBUIR EN MI RELACIÓN, CON LAS HABILIDADES QUE TENGO, Y COMO DESARROLLAR MIS ÁREAS DE OPORTUNIDAD

- Es necesario usar, sin presunción, los dones talentos y habilidades que poseemos, en beneficio de ambos, sin reprochar, o hacer sentir incomodo a mi cónyuge, por que el no puede, o le cuesta más trabajo hacer, lo que a ti se te da de manera más sencilla.
- A ninguna persona nos gusta que se nos haga sentir mal, por lo que no sabemos hacer.

### EL PERDÓN, UN REGALO INMERECIDO

- Es importante también que consideremos siempre como un as bajo la manga, LA **PALABRA TE PERDONO,** no como una demostración de educación, sino como un regalo necesario para contribuir a fomentar la armonía, ya que este será un ingrediente vital en la relación por los próximos 5, 10, 50 o mas años, que vivamos juntos.

### LO QUE NO ES EL PERDÓN

- Quiero recalcar que, el perdón impulsado por los sentimientos, es de breve duración, egoísta, limitado, debido a nuestra frágil naturaleza humana, nos exige venganza, desquite etc. Perdón no es olvidar, por aquella frase tan gastada, pero emocionalmente insalubre de "Perdono, pero no olvido". yo lo he llamado perdón mexicano, pues es frase muy de mi país, junto a algunas otras.

- Yo he comparado el no perdón a un submarino, que puede destruir lo que toque a su alrededor. Allá por los 70, en la base naval de San Diego, había un submarino anclado en el puerto, era de enormes dimensiones, y estaba adecuado como un museo, podías hacer recorridos, por fuera se encontraba atado al muelle con una enorme cadena de acero, pero estoy seguro que si se hubiesen encendido los motores que movían esa imponente nave, la cadena no sería suficiente para que detuviera el poder destructor que causaría en el muelle. Así somos los seres humanos, dotados de un gran potencial, como ese hermoso submarino pero a veces una cadena de falta de perdón, en la relación de pareja, nos ata, y cada vez que desencadenamos ese enojo, destrozamos el adornado muelle de nuestras relaciones, llámese de pareja, laborales, etc. Y todos nuestros benéficos dones son insuficientes para restaurar, el daño que hemos generado.

## LO QUE SI ES EL PERDÓN

- Por tanto la acción de otorgar el perdón, es un acto que debe ser motivado por la decisión, pero fundamentado en la fe, pues este es un principio que tiene bases espirituales, también es considerado la regla de oro, en nuestras relaciones sociales con los demás. Biblia nueva traducción viviente, Mateo 6:12, "Y perdónanos nuestros pecados, asi como hemos perdonado a los que pecan contra nosotros".

- Es decidir manejar adecuadamente los actos o situaciones que nos causaron agravio, dolor o desilusión. Es un acto de intimidad espiritual para con mi creador, pues se de antemano, que mas de alguna ves necesitare, que alguien me otorgue un perdón, aun que no lo merezca, podríamos entonces agregar que el perdón **"es un <u>regalo inmerecido"</u>.**

- Pero ejercer esta clase de perdón no se de en automático, es necesario establecer una relación con aquel que nos enseña las claves para ejercer el perdón.

Tiene también que ver la óptica que utilicemos, y las estrategias que nos propongamos, la capacidad de negociar, y la visión de poder comprender que mi pareja, tiene lo que yo necesito, y a su vez, soy la contraparte que le complementa.

# CAPÍTULO XV

## DESCUBRIENDO, RECONOCIENDO Y APROVECHANDO LAS HABILIDADES DE MI COMPAÑERA(O)

Probablemente te des cuenta que tu pareja, tiene alguna(s) habilidad, de la que tu careces, descubrirla no es lo interesante, explotarla (en el buen sentido) es lo que llevara a ambos a desarrollar en su relación. La primera lección que yo aprendí de mi esposa es que ella es más hábil que yo para administrar las finanzas, se lo digo con la certeza de que aun después de 36 años, ella sigue siendo hábil; pero esto lo aprendí, cuando el primer mes de estar juntos, después del segundo día de pago, ya no había dinero en casa, y en lugar de carne, estuvimos comiendo durante varios días carne artificial (soya).

También recuerdo que la casa que alquilamos, los anteriores inquilinos, habían tenido una especie de pequeña dulcería, al siguiente día, mi pequeña, me dijo que compráramos dulces, y ¿qué cree que pasó?, cuando la quincena mermaba, la venta de dulces, nos sacaba adelante.

Es probable que no solo sea buena en el área de las finanzas, hay mujeres que son buenas para negociar, etc.

Reconocer que no somos expertos en todo, no es tan sencillo aceptar esto requiere de humildad, porque siempre queremos ser hábiles en todo (probablemente ud no, yo sí).

## PRINCIPIO DE GUIANZA

Aun cuando los hombres hemos sido formados con características de liderazgo, no nacemos siendo líderes, el liderazgo se va desarrollando de manera experencial, aprendida.

El principio de guianza se establece cuando ud y yo estamos considerando los imprevistos que podrían surgir en esa relación, y esto consiste en buscar a un matrimonio para que nos modele, y dirija en lo que verdaderamente es la relación matrimonial, ya que no traemos integrado un manual de instrucciones, ni la que será mi compañera de viaje, trae uno.

Cuando somos novatos en nuestra inicial relación de noviazgo, es posible que ud considere como una gran mayoría de hombres hacemos, para llevar nuestra relación al siguiente nivel, matrimonio (llámele superficial y torpe), los puntos importantes que se necesitan para establecer una relación (recalco, yo lo consideré así).

a-) lo más difícil, ¡¡¡ya está!!!, la novia, así que lo que viene es sencillo b-) consideré que ya estaba en edad de casarme,

c-) consideré que bastaba tener un trabajo seguro,

d-) consideré que si había podido sacar adelante una carrera difícil, casarme era pan comido.

Y así fue como ingrese a la difícil carrera del matrimonio, esta por demás decirle que a los 3 meses, el amor de mi vida, se quería regresar a su casa; y no me malentienda, todo lo que mencione se necesita, pero no es el fundamento real; cuando Laura y yo brindamos asesoría a un matrimonio novato, (hay novatos con 20 años de estar juntos), ella les pregunta por qué una casa necesita cimientos, ellos obviamente nos dan la respuesta que esperamos, porque es lo que la de firmeza, estructura, soporte, y base contra las inclemencias del tiempo, es en ese momento cuando surge la pregunta siguiente, y ¿cuál es el cimiento de ustedes?, ellos responden mirándose a los ojos, "nuestro amor", "tuvimos un buen noviazgo", "tenemos 7 años de novios", "nos conocemos de toda la vida", "nunca nos hemos peleado", otros señalan el vientre de su esposa, con un embarazo inicial, como afirmando, el bebe nos unirá, etc.

Qué bueno seria, que estas respuestas fueran lo necesario para garantizar una solida relación, pero ud y yo sabemos que no.

Laura les afirma: el cimento de las construcciones generalmente no está a la vista, y es una estructura escondida, pero que cumple una función muy importante; hay una interesante parábola que "Jesus enseñó: Todo el que escucha mi enseñanza y la sigue es sabio, como la persona que construye su casa sobre la roca solida, aunque llueva a cantaros, y suban las aguas de la inundación, y los vientos golpeen contra esa casa, no se vendrá abajo, porque está construida sobre un lecho de roca". Biblia nueva traducción viviente, Mateo 7:24.

Creo firmemente que el primer cimiento que una relación matrimonial necesita es la seguridad espiritual que solo Dios brinda, no la religión, categóricamente afirmo es ¡¡¡DIOS!!!.

Las luces de la iglesia donde hicimos nuestros votos, los rayos de luz que penetraban por los vitrales, el brillo en los ojos de los novios, los hermosos trajes y vestidos de los invitados, la ceremonia espectacular en la playa, o aun que el sitio donde nos unimos haya sido espectacular, esto solo es, la hermosa antesala de una vida de trabajo y sudor para formar un buen matrimonio.

Considero recomendable tener cerca un matrimonio con cierta experiencia, para que nos vayan guiando a manera de mentores, idóneamente sería, que sean personas con las que no tenemos parentesco, sabemos que pueden tener buenas intenciones, pero, decimos en México, la "sangre llama", esto alude a que encubiertamente o evidentemente, el que no tiene parentesco con el consejero (a), saldrá perjudicado, necesario es que sea un matrimonio neutral, ejemplar, con evidente desarrollo (no hay relaciones perfectas), y ajeno a ambos, con los que podamos tener la confianza de contar los detalles a veces no gratos, y quizá en ocasiones penosos que nos están llevando a crisis; establecer un tiempo sistemático, de estar tomando asesoría no menos de 6 meses a un año, una vez por semana los primeros 6 meses, y posteriormente cada quince días, hasta que ambos encuentren su ritmo como pareja, y puedan caminar juntos, aprendiendo a manejar el conflicto y resolverlo, después de este tiempo, tener citas esporádicas, para verificar avances en la relación.

# CAPÍTULO XVI

## LOS CAMPOS ESPIRITUALES QUE MUCHOS DE DE LOS TEÓRICOS DE LA PSICOLOGÍA DEL SIGLO XXI, NO SE HAN ATREVIDO A EXPLORAR

Ten tus ojos abiertos antes del matrimonio, y medio cerrados después de el.
Benjamin Francklin (1706- 1790) literato y filosofo

# SIGUIENDO LAS HUELLAS DE HOMBRES QUE SI SE HAN ATREVIDO A EXPLORAR EL COMPLEJO Y FASCINANTE TERRENO ESPIRITUAL

## DEFINIENDO LO ESPIRITUAL

Tenemos dos acepciones a las que necesitamos atender, la primera es que etimológicamente del latín la palabra espíritu significa aliento o respiro, también denota soplo; el primer problema con que nos encontramos es que en el castellano, no existe un equivalente exacto de estas tres palabras, nefesh, ruaj y neshamah, que se han traducido como "alma o "espíritu", tampoco en el hebreo existe semánticamente, la separación del cuerpo y el alma; sino que el ser humano es concebido como un todo, un ser completo y sin división. Así que para fines semántico-metafórico, usamos con mucha frecuencia pero de manera errónea, estos términos.

El área espiritual mirándolo desde una perspectiva meramente humana, no es jamás consolada o mejorada con algún placebo, con algún ansiolítico, o con algún antidepresivo, ya que estos actúan a nivel fisiológico, ciertamente nos producirán somnolencia, pero al terminar su efecto terapéutico, seguiremos quizá deprimidos, llorando por una perdida, un duelo, asumimos entonces que no hay sustancia que cause mejoría al individuo en lo profundo de la frontera espiritual.

# EL PRIMER HOMBRE QUE NOS DA LA VISIÓN DE TÚNEL Y NOS DA EL ESPÍRITU, PARA QUE DESARROLLEMOS ESPIRITUALMENTE

## JESUS DE NAZARET

Hay una historia interesante en el nuevo testamento, cuando Jesus se encuentra con una mujer, junto a un pozo de agua, y Jesus estaba cansado, por la larga caminata, se sentó junto al pozo de Jacob, y era cerca de medio día, poco después llegó una mujer de Samaria, a sacar agua y Jesus le dijo: "Por favor dame un poco de agua para beber (omito los comentarios intermedios), la mujer le contestó ¿porque me pide agua para beber? , Jesus contestó, Si tan solo supieras quien es el que te dice dame de beber, tu le habrías pedido a Él, y Él te hubiere dado AGUA VIVA, ella no entendiendo el lenguaje metafórico de Jesus le dijo: no tiene con que sacarla, y el pozo es hondo,? De donde pues tienes agua viva¿ (nuevamente omitiré varios párrafos), la mujer le contestó, Señor dame de esa agua, para que no tenga sed, ni venga hasta aquí a sacarla; os obvio que Jesús quería calmar la sed que esa mujer tenía, no de agua, en su interior había una sed insaciable, en el sentido de llenar el interior, y el maestro miro su necesidad interior; (biblia de las Américas, San Juan 4:6-18), un capitulo antes hay una frase que nunca había capturado mi atención y es la siguiente: "por que aquel a quien Dios ha enviado, habla las palabras de Dios", pues EL DA EL ESPÍRITU SIN MEDIDA, biblia de las Américas, Juan 3:34; ella tenía sed de compañía, que seis hombres, no habían logrado saciar; hay sed en el interior del ser humano, que la quiere llenar con logros, fama, dinero, drogas; de manera que, a partir de ese momento, esa mujer calmo su sed, con las palabras del maestro; Victor Franckl, lo llamo vacío existencial, en nuestro mundo contemporáneo, hay en el interior del hombre fuentes secas, que solo, lo espiritual va a poder saciar.

## DR. FRANCIS S COLLINS

Creo que el padre del genoma Francis S Collins, nos ha ilustrado en sus múltiples escritos, que los doctorados y postdoctorados, no llenan el interior del alma del hombre. Considero sería interesante que nos enseñara como es que ha logrado relacionar la sabiduría bíblica con la inteligencia normal, para haber hecho accesibles esos complejos conocimientos, logrando además enlazar lo espiritual con lo científico.

Los doctorados no hacen a ningún ser humano inmune a las circunstancias difíciles.

## DR. AUGUSTO CURY

También sería interesante tener una charla con el psiquiatra y psicoterapeuta Augusto Cury, director de la Academia de Inteligencia, teórico creador de la Teoría de la Inteligencia Multifocal (TIM) en Sao Paulo para preguntarle que ¿como un brillante terapeuta?, se encuentra tan fascinado con El maestro del Amor, Jesus, y como es, y por qué ha abandonado su postura ateísta. Creo que nos daría mucha luz. También el Dr. Cury nos ha fascinado con sus libros no solo de descubrimientos del complejo sistema nervioso central, y su fisiología, también nos ha enriquecido con sus obras acerca del análisis, de lo que significa la fe aterrizada en el diario quehacer de la vida humana.

El Dr. Cury es el primer teórico en hacer un profundo pero honesto perfil psicológico del maestro del amor, si, de Jesucristo, y lo ha hecho de una manera magistral, sistemática y clara.

## DRA ELIZABETH KUBLER ROSS

Entre el mucho material que nos ha dejado, una de sus obras es mejor conocida y más impactante, la concerniente a la muerte y sus proceso, escribió el clásico "Sobre la Vida y la Muerte", difundió el tema de los hospicios en los EEUU, y auxilió a millones de personas a aprender a ver la muerte como una etapa final de crecimiento, una parte integral de la vida misma.

**KEN WILBER**

Aplicando su aclamado enfoque integral, Ken Wilber formula una teoría de la espiritualidad que, sin dejar de reconocer los logros de la modernidad, y de la postmodernidad (es decir, teniendo en cuenta las revoluciones de la ciencia y de la cultura), incorpora también las enseñanzas esenciales de las grandes religiones.

Aun que Wilber esboza el abordaje de lo espiritualidad, de una manera diferente, quiero incidir en que, su forma de hacerlo, no es la pauta para que lo tomemos como el metro patrón, no es una verdad, es su descubrimiento post-experiencia.

## DEFINAMOS CON CLARIDAD, QUE ES LA DIFERENCIA ENTRE ESPIRITUALIDAD Y ESPIRITUALIZADO

Los seres humanos fuimos dotados de un espíritu humano, es una entidad que nos hace diferentes de los animales, ellos poseen instinto, nosotros poseemos un espíritu, en el año 970 a.C, el Rey Salomón habla del cordón de plata, y no lo hizo filosofando como lo hiciera Cyril Henry Hosquin (lobsang Rampa, 1960, El cordón de plata), Salomón expone un principio espiritual importante, el destino final del espíritu humano, y la relacion de este como medio de comunión con Dios. Eclesiastés 12: 6-7.

Espiritualizamos cuando confundimos la hermosa creación, llámese seres humanos, paisajes, capacidad humana, talentos y creatividad humanos, precisamente un hombre me decía que para el lo espiritual era estar frente al mar, nos hemos desenfocado, el mar es hermoso, pero es una de las tantas obras terrenales, creadas por Dios mismo. Romanos 1:25, Biblia Nueva Traducción Viviente.

## 1947, LA ESPIRITUALIDAD BAJO LA ÓPTICA DEL RECONOCIDO PSIQUIATRA VICTOR E. FRANCKL

Autor de la logoterapia, escribió en su obra, "La Ignorada Presencia de Dios", (primer párrafo), pag. 60-61, lo siguiente:

Aun que el Dr Franckl, no ha sido el primero en hablar de Dios como lo trascendente, en este ensayo nos muestra su valiente postura personal, al reconocer la importancia de Dios en la vida del hombre.

- "El hombre irreligioso, (sin religión) se ha detenido antes de tiempo en su camino, en busca de sentido, porque no ha ido, no ha preguntado mas allá de la conciencia. Es como si hubiera llegado a una cumbre inmediatamente inferior a la más alta. ¿por qué no sigue adelante?, ¡por qué no quiere dejar de seguir tendiendo! <<tierra firme bajo sus pies>>; por que la verdadera cima, se esconde a su vista, se halla oculta por la niebla, y es en esta niebla, en esto desconocido, que nuestro hombre no se atreve a internarse. A ello solo se atreve el hombre religioso. ¿Qué puede sin embargo impedir que ambos, ahí donde el uno se queda parado, y el otro se decide a emprender la ruta final, se despidan mutuamente sin rencor?

Justamente el hombre religioso, debiera también ser capaz de respetar esta decisión negativa, de su semejante; debiera no solo reconocerla como posibilidad de principio, sino igualmente aceptarla como realidad de hecho. Porque precisamente el hombre religioso, ha de saber, que la libertad de tal decisión ha sido querida, creada por Dios; en efecto, hasta tal punto el hombre es libre, ha sido hecho libre por su creador, que esta es un libertad hasta el no, va tan lejos que la criatura (ser humano), puede decidirse aun en contra de su propio creador, puede incluso negar a Dios.

A decir verdad, el hombre se contenta con negar solamente el no de Dios; con arrogancia, a esta última, habla de lo divino o de la divinidad, y aun a esta ultima preferiría dar un nombre particular u ocultarla a toda costa con expresiones vagas y nebulosas de tinte panteístico. Pues así como se requiere un poco de valentía, para confesar abiertamente algo, una vez que se ha conocido, también se requiere un poco de humidad para llamar a eso mismo con la palabra que los hombre han utilizado desde hace miles de años, simplemente la palabra DIOS.

En esta psicoterapia integradora, es esencial retomar algunos aspectos sobre la logoterapia Frankliana, que privilegia la dimensión espiritual del ser humano como potencial de manifestación, unidad, totalidad, autoconciencia, núcleo sano de la persona, presencia en el sentido ontológico, centro de la autotrascendencia, capacidad de dirigirse hacia algo significativo (Martinez, 2011, p.12-20). Para Frankl, el problema de la existencia espiritual no es simplemente una cuestión ontológica, sino también de relevancia terapéutica. La integración de la espiritualidad dentro del ejercicio clínico, surge porque en su profundidad, lo espiritual es necesario por ser inconsciente (Frankl, 1995, p.25, 30), y al reconocer el inconsciente espiritual, se da la posibilidad de estudiar y comprender su relevancia dentro de los dinamismos internos del hombre.

Esta terapia integradora se fundamenta en algunos de los principales planteamientos de la teoría Junguiana, sobre los que Anselm Grün estructura muchas de sus ideas; tales como, el sí mismo, el cual supera el concepto del yo y le da mayor extensión, mientras el yo es el centro de todos los actos de la conciencia, el sí mismo lo trasciende incluyendo aún lo inconsciente (Jung, Trad.it., Biblioteca Universale Rizzoli, Milan, Boeree 1997); la sombra, la cual sería los aspectos oscuros de la personalidad, que es indispensable, ya que tiene naturaleza emocional y cierta autonomía, (Jung, 1997, p.23). Y la individuación, que es un acto de totalidad, de restauración; para Jung es una función trascendente que integra todos los aspectos de la personalidad en un todo unificado (Cloninger, 2003, p.76).

# CAPÍTULO XVII

## PROPUESTA DE REFLEXIÓN

### PNL, en el siglo 1/o dDC.

> "Por que cual es su pensamiento tal es el". Biblia de las Américas. Prov. 23:6.

Estimado amigo terapeuta, se y estoy seguro que estudiaste ciencias de la conducta por qué quieres ser resolutivo en el núcleo de la sociedad, pero tu trabajo y el mío solo puede llegar a hacer cambios en la estructura mental, y conductual.

PNL, fue creada a finales de los 80 como una estrategia de comunicación, desarrollo personal, y proceso psicoterapéutico, por Richard Brandler, y John Grinder EEUU. A pesar de las criticas por la comunidad científica, tiene su efectividad; pero déjame decirte que en el año 30 dDC.... Estamos hablando de aproximadamente mas de 2000 años, un tipo llamado Pablo Oriundo de Tarzo escribió un postulado, que tiene mucho que ver con PNL, y el dijo" es necesario que" no se adapten a un sistema de pensamiento sino que "transfórmate" mediante la renovación de tu mente para que compruebes",....biblia de las Américas romanos 12:2, Pablo estaba hablando de un proceso de cambio de procesos mentales, lo que los postulados de PNL, en el siglo XIX señalaron.

De tal manera que estamos frente a un postulado establecido hace dos mil años atrás, y que el cristianismo, tiene como un aporte medular en la esencia de un cambio de procesos mentales, para generar cambios de vida.

Hemos estado desfasados, porque hemos querido descubrir el hilo negro, y este ya forma parte de nuestras vestiduras.

## LA ESPIRITUALIDAD EN ANSELM GRUN Y SUS APORTES A UNA PSICOTERAPIA INTEGRADORA

Anselm Grun,

Nacido en el 14 de enero de 1945, en Baja Franconia, es un monje y sacerdote alemán, doctor en teología, famoso por unir en sus múltiples escritos la espiritualidad tradicional cristiana con la psicología moderna, autor de más de 300 libros.

## APORTE CREADO POR CRISTIAN FERNANDO DUQUE LOPEZ.

Magister en humanidades; docente investigador de tiempo completo en la facultad de ciencias sociales de la Universidad Católica de Oriente.

Aprobado como documento el 4 de agosto de 2015, pag. 102, 104-105.

Creo después de haber leído la aportación de Cristian Fernando Ducke Lopes, que un lector que sea honesto, no la debería dejar de lado, ya que aborda preguntas que es necesario les demos respuesta honesta, sea que la tengamos o no, pero al mismo tiempo asumiendo que hemos dejado de lado el área espiritual del ser humano, por difícil, porque no nos interesa, porque no la comprendemos, por tediosa, por ser un campo, del cual no encontremos el camino, o por que admitirla, significa reconocer que he estado equivocado en mi apreciación personal.

## CITO TEXTUALMENTE LO QUE ESTE ESTUDIO DE GRUN APORTA: COMPRENSIÓN INTEGRADORA DEL HOMBRE, CON ENFOQUE PRACTICO

En este estudio se pretende realizar una comprensión sobre el papel que las creencias tienen en las dinámicas psíquicas del ser humano, dando un breve recorrido por los planteamientos de algunos autores que tratan la relación entre psicología y espiritualidad.

Hasta llegar a la propuesta teórica del Anselm Grun, que plantea una comprensión integradora del hombre, al llevarla a la práctica dentro de la psicoterapia. Así, a través de un estudio de caso, desde una investigación cualitativa, y con un enfoque fenomenológico, se presenta como desde esta postura el terapeuta, el consultorio y el paciente adquieren otra dimensión.

La complejidad que implica el tratar de comprender al hombre en su integridad, es un universo inacabado y por explorar, especialistas de las diferentes áreas que estudian al hombre, han tratado de aproximarse y construir una explicación satisfactoria; pero en definitiva, queda siempre la impresión, de que ninguna teoría, llega a dar respuesta y abarcar la comprensión de este en su totalidad.

Se pretende en esta propuesta reflexionar sobre la espiritualidad como una de las dimensiones que ha sido omitida Por muchos estudiosos del hombre, y han tratando de abordarla desde una perspectiva psicológica, asumiéndola como parte fundamental del dinamismo anímico y psíquico del ser humano.

## LA DIMENSIÓN ESPIRITUAL COMO LA CAJA NEGRA, DEL SER HUMANO, SERA UN RETO PARA LAS CIENCIAS DE LA CONDUCTA, ACEPTARLA Y BUSCAR LAS PAUTAS PARA ABORDARLA EN LOS SERES HUMANOS

### PROPUESTAS DE C: F: DUQUE LOPEZ

1.- ¿no es quizá una desventaja para el abordaje y comprensión del hombre, si se omite la dimensión espiritual?

2.- ¿por qué prescindir de la espiritualidad como parte de la fuerza ontológica que constituye a la persona?

3.- ¿cuál es la relación entre psicología y espiritualidad?

4.- Todos los conflictos del ser humano, ¿podríamos incluirlos en lo espiritual?

5.- ¿incluir los conceptos espirituales en la práctica de la psicoterapia, enriquece o empobrece, el proceso terapéutico?

6.- ¿aceptamos los psicólogos que para el paciente, la figura del chaman, el sacerdote, el pastor, el rabino, el psicólogo, con su equipaje religioso, incide en sus actitudes comportamientos y/o patologías?

La inclusión de lo espiritual dentro de la psicoterapia, ¿promueven una mejor calidad de vida en los pacientes?.

**Duque Lopez** inicia citando como la psicología se fue separando de sus iníciales objetos de estudio, entre los que estaban el alma, el espíritu y la conciencia, para seguir el paradigma de las ciencias naturales, distanciándose (Yoffe, 2009, p.3) para poder entrar en el campo científico, la psicología necesitaba poder tener un objeto de investigación cuantificable y medible, y así fue, que se enfoco con el tiempo en la conducta, <u>sin embargo no se puede omitir que las vivencias espirituales son parte de la</u> <u>experiencia humana</u>, y desde el siglo XIX, algunos autores como James (1902-1961), Maslow (1908-1970), Erich Fromm, Victor Franckl (1905-1997), Allport(1897—1967), Carl Jung (1875-1961), Anselm Grumm (1945- ), han llevado a cabo investigaciones sobre la relación entre psicología, religión y espiritualidad.

# CAPÍTULO XVIII

## WILLIAM JAMES
Psicólogo y filosofo
Varietes of Religious Experience (1902)
The Will to Believe 1896

El primer teórico que uso el termino transpersonal.

Según él, para un psicólogo, las tendencias espirituales, deben tener la misma relevancia que lo distintos hechos que forman parte de la estructura mental del hombre. Este autor critica los reduccionismos y las visiones del hombre sesgadas de la realidad, y plantea la apertura a lo espiritual de una forma clara, honesta y seria, dejando de lado los prejuicios científicos (201 2b, p. 18). Para James lo decisivo no es llegar a probar la existencia de Dios, sino desentrañar el valor de lo religioso en el ser humano, ya que la responsabilidad individual frente al propio destino, insta a la persona a tratar de comprender, y dar un sentido a su existencia. (Franca-Tarrago, 2003, teoría de la religiosidad de Gordon Allport)

## GORDON ALLPORT

Para Allport la religiosidad impulsa y dirige la experiencia humana, sin implicar un escaparse de la realidad, sino lo contrario, es un factor claramente saludable para el hombre; es decir, un componente positivo de la salud mental humana, puesto que se inserta en el conjunto de estructuras que orientan la madurez de la personalidad implantada en el mundo. (Franca-Tarrago, 2013,p11)

## CARL JUNG

(1995) Fundamento su visión del sujeto <u>como alguien constituido por algo</u> <u>más que solo fuerzas biológicas o impulsos instintivos</u>, concibió al hombre como un ser simbólico, que necesita expresar dimensiones que no son meramente empíricas.

## ERICK FROMM

Bosqueja que el ser humano tiene una implícita necesidad de creer y buscar la verdad última de las cosas, <u>proponiendo un componente</u> <u>básico</u> no <u>aprendido en el ser humano</u>, que tiene que ver con las preguntas radicales, cuyas respuestas ultimas, apelan a un ser superior como su fundamento (Zollner,p.5). para él la psicología actual, solo trata los problemas y la pregunta es: por que antaño las personas acudían para con los sacerdotes y místicos.

## ABRAHAM MASLOW

En su momento planteo la autorrealización del ser humano como una necesidad básica, y encontró que los valores presentes en los seres maduros y psíquicamente saludables, son aquellos mismos valores que están presentes en las grandes religiones de todos los tiempos: el perdón, <u>la</u> <u>búsqueda de una existencia espiritual</u>, la sabiduría, el amor a los demás, entre otros. (Maslow, 2012,p.232)

## VIKTOR FRANKL

sostiene que la autorrealización no es lo último que busca el ser humano, sino la autotrascendencia, que consiste en haber encontrado un significado mas allá de uno mismo; considera, <u>que hay un</u> <u>inconsciente</u> <u>espiritual,</u> que esta reprimido por nuestra sociedad, y que es posible <u>encontrarlo a través de la psicoterapia, y acuña</u>

el concepto inconsciente trascendental como una tendencia hacia Dios, que hay en la profundidad mas interior de todos los hombres. (Frankl, 1995, pag.68, 69). La espiritualidad trasciende la religión, pues no se queda solo en unas prácticas específicas que realiza un grupo de personas, sino que implica la vivencia de creencias personales, que marcan la experiencia personal.

## MI POSICIÓN PERSONAL,

A lo anterior quiero agregar algo mas, la mayoría de las personas se sirven de la religión, solamente como un frío acto litúrgico, y no como una eficaz herramienta; a manera de ilustración le expondré que rutinariamente a mis pacientes les hago las siguientes preguntas: ¿cuál es su religión?, la mayoría me contestan X o Y, la otra pregunta es: ¿la ejerce?, 8 de cada 10 pacientes me contestan un contundente ¡¡¡no!!!, concluiré diciendo que las personas solo efectúan actos de "fe" ignorante, litúrgica o de amuleto, y la fe no accionará ni funcionará bajo tales parámetros.

Un paciente me contestó que ¡¡él si ejercía su fe!!, le pregunté como la accionaba en su persona, y con los que le rodeaban en su día a día, el contestó: (era católico), yo asisto todos los domingos a la iglesia, entonces le pregunté, en los preceptos que tu doctrina te ha enseñado, te permiten maltratar a tu esposa, el ruborizado me dijo, ¡¡no¡¡, y agregó, bueno pues entonces mi fe, solo es un bonito nombre.

Podemos asistir a una iglesia, pero solo de escuchas, porque no aplicamos los preceptos que ahí se enseñan. Dijo V. Franckl, en el párrafo anterior: "espiritualidad implica la vivencia de sus creencias personales".

**Continuando con los conceptos que maneja C. F. Ducke Lopez**

La palabra psicoterapia tiene su origen en dos vocablos griegos, psiche, que se traduce como alma, y por otro lado therapeia, que significa tratamiento, así que, la psicoterapia, es el procedimiento realizado por un psicólogo, para conseguir que una persona, pueda encontrar bienestar para su alma y en su vida. (Ruiz y Cano,2010,p.2)

La psicoterapia integral parte de la idea que el ser humano es una totalidad, a saber : Espíritu Humano, lo que me hace pensar con libertad y accionar, Alma, lo que me hace admirar la creación, anhelar metas, deleitarme en una buena película, un buen libro, tomar decisiones, desarrollarme profesionalmente, es el cómodo sillón de mi voluntad y emociones; pero hay una entidad llamada Espíritu, como una entidad totalmente desligada de mi Espíritu Humano, es la que nos tiene que llevar a tomar decisiones de seguir el bien o el mal, y es la más descuidada; por lo cual los tratamientos, deberán tener en cuenta cada una de las particularidades que caracterizan al hombre en su contexto general. La psicoterapia integral percibe al ser humano con un margen de libertad de elección, de la cual es responsable y por la cual se constituye en sujeto, asumiendo la búsqueda de sentido y el desarrollo de la autoconciencia, como parte del propósito existencial, interesándose por los temas específicamente humanos. (Rosal, 2011, p. 8)

# BIBLIOGRAFÍA

Investigaciones sobre la relación entre psicología, religión y espiritualidad:

- GALEANO 2003
- VIVEROS 2013
- LA PSICOTERAPIA COMO ACTO DE FE PROMUEVE UNA MEJOR CALIDAD DE VIDA, EL TERAPEUTA ES UN SANADOR, QUE TE PONE EN CONTACTO CON TU PROPIA FRAGILIDAD, Y SE DEBEN APROVECHAR TODOS LOS RECURSOS INTERNOS, PRINCIPALMENTE EL ESPIRITUAL DE HECHO EN LOS ALBORES DE LA PSICOLOGÍA, PSICOLOGÍA Y ESPIRITUALIDAD , COMPARTÍAN EL MISMO ESCENARIO, (OBJETOS DE ESTUDIO, ALMA, ESPÍRITU CONCIENCIA, PARA DESPUÉS LA PSICOLOGÍA, SEGUIR EL PARADIGMA DE LAS CIENCIAS NATURALES, DISOCIÁNDOSE (YOFF 2009, PAG. 3) SIN EMBARGO LA PSICOLOGÍA, NO PUEDE OMITIR LAS VIVENCIAS ESPIRITUALES YA QUE SON PARTE DE LA EXPERIENCIA HUMANA
- KEN WILBER, JAMES, 1902, 1961, ALLPORT 1897- 1967, CARL JUNG 1875- 1961, MASLOW 1908- 1970, ERICH FROM,, VICTOR FRANCKL,1905- 1997, ANSELM GRUN.

# NOTA ACLARATORIA

El caminar profesional de todo terapeuta o profesional de la conducta, es respetable, y sus aportaciones, no son  verdades absolutas; son muestra de lo que el campo clínico bajo su propia óptica les ha ofrecido, y cada persona estudiosa de la conducta humana es responsable de comunicar tal descubrimiento, mucho más si esto aporta beneficio al género humano; lejos de criticarlo, lo aplaudo, lo recibo, lo analizo, le saco lo positivo y lo propositivo para mí, como "su aporte", y nunca como la gran panacea; de hecho cuando leo escritos de Ken Wilber, de Gordon Alport, de Maslow, agradezco a Dios, por la diversidad y multiforme sabiduría al crear tantos individuos, con características tan opuestas, pero tan enriquecedoras. Probablemente también seré criticado por mis modestas apreciaciones, pero considero que a mas de alguna persona, aun lo que yo considere no tan importante en este libro, si le es útil, me daré por bien pagado.

Gracias

Atentamente
LIC PSIC. EDUARDO MOJARRO RUVALCABA